박찬주 대장의
선택

박찬주 著

임마누엘 인쇄 · 출판사

내가 살아온 삶의 궤적을 요약하면 기회와 선택, 그리고 성취였다. 육사 입학 후 동기생 300명중 단 한명, 유일하게 선발되어 독일육사에 유학간 것, 육군대학 정규과정과 고급과정 모두 수석 졸업한 것, 軍 역사상 기갑병과 최초의 대장진급이라는 이 몇 가지 수식어 만으로도 이미 나를 설명하는데 충분할 지 모른다.

나는 오래 전부터 "클라우제비츠의 '전쟁론' 처럼 수세기에 걸쳐 읽혀지는 책이 아니라면 결코 책을 쓰지 않겠다"는 오만한 선언을 했었다. 사실은 책을 쓸 만한 열정도 욕심도 없었기 때문에 나의 게으름을 그럴듯하게 덮고자 하는 구실이 필요했을 뿐이었다. 그러나 그것은 잘못된 생각이었다.

글을 남기는 것은 '역사를 점유하는 일'이다. 클라우제비츠의 전쟁론은 그의 사후, 미망인에 의해 출간된 것인데 만약 그 책이 사장되어 세상에 나오지 않았다면 후세가 그 지성의 빛을 따르지 못했을 것이다. 이순신 장군은 난중일기와 많은 시문을 남김으로써 16세기말 조선의 역사를 점령하고 있다. 그가 마지막 전장에서 전사하지 않았다면 그의 성과를 시기하는 조정대신들에 의해서 그 어떤 모함과 박해를 받았을지 모른다는 일부 역사가들의 견해에 나는 동조한다. 실제 그가 충무공의 시호를 받은 것은 전사한 후 50여년이 지난 시점이며 아산에 현충사가 세워진 것은 사후 100년이 지난 시점이다. 그럼에도 이순신장군이 역사에서 살아남아 성웅의 반열에 오를 수 있었던 것은 그의 성취와는 별도로 자신의 족적을 글로 남겼기 때문이다.

작은 역사든 큰 역사든 '기록되어야 존재할 수 있다'고 생각한다. 이 사실을 깨닫게 된 것은 인생 최고의 정점에서 새로운 시련을 만난 이후이다. 나는 군의 최고계급인 현역 육군대장의 신분으로 하루아침에 국방부 지하영창에 구금되었다. 그렇게 85일을 지냈다. 인간적 고통과 중압감속에서도 나는 두려워 하지 않았고 불의의 세력에게 굴복하지 않았다. 세상에는 희망에 기대어 사는 사람과 신념에 기대어 사는 사람으로 나뉜다. 나는 후자에 속한다. '죽으면 살리라'가 아니라 에스더의 고백처럼 '죽으면 죽으리라'가 나의 신념이다.

경쟁이나 도전의 과정에서 겪는 고통은 불순한 세력으로부터 핍박을 당했을 때의 고통과 결이 다르다는 것도 깨닫게 되었다. 그리고 그 싸움이 끝나지 않았다는 점도 깨달았다.

분노의 에너지는 어느덧 열정의 에너지로 바뀌어 간다. 새로운 시련을 딛고 서서 더 큰 성취를 만나려 한다. 세상을 불의의 세력으로부터 지키고 보다 나은 세상을 향한 나의 역할과 소명을 체감하게 된다.

내 인생 최고의 순간은 아직도 오지 않았다. 그 순간과의 만남을 기다리며 이 책을 쓴다.

제4부 **미래**와의 만남

제1부

운명과의
만남

A. 교복에서 군복으로

戰後 1955년부터 1963년 사이에 태어난 사람들을 베이비 부머라고 부른다. 연도별 인구 수가 가장 많다. 이들은 6, 70년대에 학교를 다니고 80년대 초반에 사회생활을 시작하면서 대한민국의 발전에 주역을 담당하였다.

이들은 보릿고개를 겪으면서 어렵게 자란 탓에 자신들의 자녀들에게는 풍족한 삶을 물려주고 싶어하는 특별한 열망이 있다. 역사를 보면 어느 세대에게는 많은 것이 부여되지만 어느 세대는 많은 것을 요구 당하기도 한다.

베이비 부머의 자녀세대들은 비록 부모보다는 편한 세상에서 태어났으나 부모세대처럼 많은 기회가 주어지지 못했다. 극심한 취업난을 겪으면서 취업과 결혼이 늦어지고 그래서 베이비 부머 세대들은 노부모 부양과 함께 자녀에 대한 지출의 부담까지 지게 되었다. 그래서 안타깝게도 베이비부머 세대는 "부모를 모시는 마지막 세대이면서 자식으로부터 버림 받는 첫번째 세대" 라는 평가를 받는다.

나는 이러한 戰後 베이비 부머 세대에 속한다. 평범한 농부의 아들로 태어나 고등학교 들어 갈 때까지 전기가 들어 오지 않는 시골에서 자랐지만 나는 내가 어려운 시절을 겪고 성장한 점을 오히려 의미 있게 생각한다.

〈필자의 고등학교 졸업사진〉

나는 독일친구들에게 이런 말을 자주 한다. "나는 유럽인으로 비교하면 2백년 이상을 산 사람이다. 너희들은 18세기 말에 산업혁명을 통하여 농경사회에서 산업사회로 전환하였고 지금 정보화시대에 이르기까지 수 세대가 지나 갔지만 나는 그 모든 과정을 압축하여 한세대에 경험하며 살고 있다" 라고 말한다.

배고픔과 영양부족에다가 겨울이면 채난을 위해 산을 벌거벗기며 추위를 견디어야 했지만 그 시대의 사람들은 대단한 용기가 있었다.

어떠한 어려움도 극복하고 이겨 나가야 한다는 의지가 있었고, 조직과 사회의 전체를 위해서는 개인의 불이익이나 불편정도는 쉽게 감내할 수 있어야 한다는 사회적 희생정신이 있었다.

그 시대에 누구나 겪었던 어려움 외에 내가 성장과정에서 겪었던 남다른 고충은 교복에 관한 것이다. 4형제중 세번째 였던 나는 큰형과 작은형이 물려준 교복을 입고 학교에 다녔다. 처음 중학교에 들어갔을 때 신입생들이 모두 새 교복을 입고 입학을 하는데 혼자서 유난히 빛이 바랜 헌 교복을 입고 다니는 것이 창피하고 불편해서 힘들어 했다.

고등학교 들어와서도 현실은 마찬가지 였다. 교복은 물론 교련복까지 형들에게서 물려 입은 옷을 입어야만 했기 때문이다. 마침 내가 고등학교에 입학했을 때 교련복의 모드가 바뀌었는데, 2,3학년 학생들은 기존의 교련복을 착용하고 있었던 반면, 1학년 신입생부터는 새로운 무늬가 새겨진 교련복으로 바뀐 것이다. 1학년 학생 360명 모두가

산뜻한 교련복을 입고 있는데 박찬주 학생만 무늬도 다르고 빛이 바랜 교련복을 입어야만 했으니 교복에 대한 불편한 상황은 나에게는 큰 아픔이었다. 교복에 대한 불편한 현실은 내가 육사를 지원하게 되는 중요한 동기가 되었다.

77년 1월 31일 육사에 들어가서 340명의 동기생들과 함께 기초군사훈련을 받은 나는, 그로부터 한달 후인 3월 2일, 300명으로 줄어든 동기생들과 함께 생도대에 정식 입학하였다. 배정된 내무반에 들어서는 순간 나는 큰 감동을 받게 되었다. 두사람이 쓰는 호실도 과분 했을 뿐만 아니라 침대생활도 처음이었고 더욱 감동적이었던 것은 나의 캐비넷에 누구도 한번 입어보지 않은, 오직 박찬주 생도만을 위해서 만들어진 각종 제복이 진열되어 있었던 것… 왼쪽부터 예복, 동정복, 하정복, 동근무복, 하근무복, 동체육복, 하체육복, 전투복, 무도복이 나란히 정렬되어 있는 모습을 보고 나는 감격하였다. "이 곳은 아무런 차별이 드러나지 않는 그야말로 천국이구나!"

B. 정승화 장군과의 만남

1학년 1학기가 끝나고 가을학기가 시작될 무렵, 나는 유도복을 입고 체육관으로 달려가다가 당시 4학년 심용식 생도(후에 중장으로 예편)와 마주치게 되었다. 심생도는 나에게 "지금 독일육사 선발시험이 교수부에서 실시되고 있는데 왜 귀관은 가지 않았는가?" 나무라면서 "얼른 근무복으로 갈아 입고 교수부로 가라"고 지시를 하였다.

당시 4학년 심생도는 후배생도들의 존경을 받는 분으로서 따듯한 리더십을 가지고 있었고 특별히 같은 시골 출신으로서 시골 촌놈 박찬주 생도를 특별히 생각해 주던 분이었다. 나는 부랴부랴 옷을 갈아 입고 교수부로 뛰어가보니 벌써 수십명의 생도들이 조용히 시험을 치르고 있었다.

독일육사 파견생도 선발이 있다는 것 조차 모르고 있던 나는 아주 우연한 기회를 통하여 선발시험에 참가하게 된 것이다. 당시 육사에서는 전체 생도들의 면학 분위기를 고려하여 독일육사 선발시험을 공개적으로 홍보하지는 않고 조용히 처리하려는 분위기가 있었다.

한국생도의 독일육사 파견은 박정희대통령의 서독 방문 시 MOU를 체결할 때 포함된 것으로 64년도부터 시작되었는데 독일육사에 다녀온 저명인사로는 김관진 전 안보실장이 대표적이다. 처음에는 한 기수에 두명씩 선발하여 보내다가 육사29기부터 한 명 씩 보내게 되었다.

독일육사 파견생도의 선발방법은 해마다 조금씩 학교장의 재량에 따라 달랐던 것으로 보인다. 내가 선발시험에 참여한 1977년도에는 선발시험을 통하여 최종 4명의 후보생도를 압축한 후 최종적으로 육사교장이 면접을 통해 파견생도를 결정 하였는데, 당시 육사교장은 12.12 사건 당시 육군참모총장이었던 정승화 중장이었다.

그는 집무실에서 좌우에 두명의 생도를 앉혀 놓고 한사람 씩 질의답변을 진행하였고 질문은 단 하나 "아버지는 뭐하시냐" 였다. 맨 마지막 답변자였던 나는 같은 질문에 부친께서 농사를 짓는다고 답변하였고 정승화 중장은 논은 몇 마지기를 짓는가, 무슨 작물을 재배하는가 관심을 보이며 세심하게 물어 보았다.

나는 장황한 답변의 말미에 문득 답변하였다. "저의 아버지는 감리교 권사님이시고 그리고 저희 동네 새마을 지도자입니다". 무엇인가 아버지에 대해 나름 의미 있는 말씀을 드려야 하지 않을까 하는 면접 당사자로서 일종의 책임감에서 나온 말이었다. 그러자 정승화장군은 나를 잠시 물끄러미 쳐다보며 침묵을 지키더니 불쑥, "그래, 박찬주 생도가 가는게 좋겠다, 해산!" 하는 것이었다.

그러나 당시의 관례로는 육사에서 두명의 생도를 추천하면 주한 독일대사가 면접을 통해 최종 낙점하는 절차가 있었다. 어느 날 박찬주 생도는 선발된 다른 동기생 한 명과 함께 당시 독일어 교수 정채하 대위의 인솔하에 군용찦차를 타고 태능에서 서울 시내로 향하고 있었다. 그런데 중랑교를 건너는 중에 갑자기 헌병차가 싸이렌을 울리며 달려와서 찦차를 가로 막고는 "외교관례를 무시하고 박찬주 생도 혼자만 가라는 학교장님의 지시가 있었습니다"라고 한 후, 같이 가던 동기생을 데리고 육사로 복귀해 버렸다.

주한 독일대사는 왜 혼자 왔느냐고 물었는데 인솔장교는 사정이 있어 그렇게 됐으니 박찬주생도에 대해서 가부를 결정해 달라고 하였다. 주한 독일대사의 첫 질문은 공교롭게도 "아버지는 뭐하시냐" 였다. 몇 가지 질문 후 대사는 별다른 호불호 성격의 반응 없이 "독일가서 좋은 시간 보냈으면 한다"는 덕담을 해주었다.

이제 몇 주 내에 독일로 출발해야 하는 상황에서 정신을 차린 박찬주 생도는 부모님께 빨리 알려야 한다는 것을 깨닫고 고향 천안에 계신 어머니께 전화를 드리게 된다.

당시에는 전화가 마을 이장 댁에만 설치되어 있고 이장님이나 이장 사모님이 전화를 받으면 확성기를 통해 "누구 누구네 전화왔습니다!" 고 전파하는 시스템이었다. 밭에서 일하다가 급히 달려와 전화를 받게 된 어머니의 첫 반응은 이러했다. "찬주야 도대체 니가 뭘 잘못 했길래 독일로 가라는 거냐?"…

사실 사관생도가 3성 장군인 학교장을 가까이서 대면하는 것은 좀처럼 일어나지 않는 일이다. 그런데 내가 정승화 중장과 면전에서 대화를 했던 것은 독일육사 선발면접 때가 처음이 아니고 몇 달 거슬러 올라간다.

육사에서는 1월 말에 신입생이 입학하고 4월초에 졸업생이 졸업을 하다 보니 두달 정도 5개 학년이 함께 생활하는 기간이 있다. 이 때 졸업생 들을 5학년이라 부르는데 졸업생도들은 우리가 양로원이라 부르는 별도 시설에서 기거하게 되고 1~4학년 재학생들은 3월 한달내내 상당한 시간을 할애하여 졸업식 퍼레이드 연습을 하게 된다. 대통령과 수많은 외교사절들이 참석하는 국가적 행사이고 퍼레이드는 우리 군의 정예화 된 모습을 나타내 주는 상징성이 있기 때문에 학교장의 주요 관심사에 해당한다.

어느 날 나는 동기생은 물론 2,3,4학년 재학생들과 함께 퍼레이드 연습을 하다가 대연병장 옆 법무천이란 공원에서 삼삼오오 휴식을 취하고 있었는데 마침 영내를 순시하던 정승화 중장이 공원을 둘러보며 생도들을 격려하고 있었다. 멀리서 선임생도가 학교장에게 "제 0중대 휴식중!" 보고하는 소리가 들렸고 모든 생도는 부동자세를 취했다. 잠시 후 "동작계속!" 이라는 구령이 내려졌고 생도들은 조심스럽게 동기생끼리 대화를 이어 갔다. 그 때 나는 바위돌에 걸터 앉아 다른 생도들과 대화하고 있었는데 수행원과 함께 내 앞을 지나가던 정승화 중장이 나를 바라보면서 나와 눈이 마주치게 되었다. 학교장은 내 앞에서 멈춰 서더니 나를 보고 일어나라고 지시하는 것이었다.

이어서 고개를 옆으로 돌려보라고 하여 그대로 했더니 학교장께서는 낮은 목소리로 "흠, 귀관의 두상이 아주 좋구나" 흐뭇함과 부러움이 섞인 듯한 말씀을 하시고는 다시 앉으라고 하셨는데 이어서 거기 모인 생도들에게 다음과 같은 취지의 훈시 말씀을 하셨다.

"독일의 재상 비스마르크는 말하기를, 우자는 경험에서 배우고 현자는 역사에서 배운다고 했다. 귀관들은 틈틈히 책을 읽고 간접경험을 축적해야 한다. 그래야 훌륭한 지휘관이 될 수 있다"

후에 되돌아 보면 정승화 장군께서 그때 독일의 비스마르크 말씀을 하신 게 예사롭지 않았던 것 같고 독일과 인연을 맺게 된 그 어떤 운명적 연결고리가 있었던 건 아닌가 하는 생각이 들었다.

군대를 다녀온 남성들은 잘 알다시피 군대에서의 모든 생활은 '신고'로 시작해서 '신고'로 끝난다. 독일 육사로 출발하기 앞서 정승화 중장에게 출국신고를 했는데 신고 후 앉으라고 하신 후 커피를 주셨다. 이 자리에서 학교장은 내가 왜 독일육사에 가서 열심히 해야 하는지 그 이유를 다음과 같이 설명해 주었다.

정승화 중장은 육사 37기를 대표하여 박찬주 생도를 독일육사 파견 생도로 선발한 후 뒤늦게 한가지 깨닫게 되었다. 37기에는 박정희 대통령의 아들 박지만 생도가 있는데 적어도 대통령에게 보고는 드리고 의중을 파악해야 할 필요성을 느꼈던 것이다. 혹시라도 대통령이 박지만생도를 독일로 유학 보낼 의사가 있다면 두사람을 함께 보내는 방법까지 구상했다고 한다.

그런 아이디어가 가능한 이유는 그동안 두 명씩 보내던 관례가 있기 때문이다. 사관학교장의 보고를 받은 박정희 대통령의 첫 질문은 "박찬주 생도 아버지가 뭐하시는 분이냐" 였다고 한다. 그리고 정승화 중장이 "시골 마을 새마을 지도자라고 합니다." 라고 대답하니까 대통령은 "그래 대통령 아들보다는 새마을 지도자 아들이 가는게 낫겠다" 라며 좋아하셨다는 것이다.

만약 내가 면접과정에서 정승화 중장에게 아버지가 새마을 지도자라는 사실을 말하지 않았더라면 결과가 달라질 수도 있지 않았을까 하는 생각을 해본다. 어찌되었든 박정희 대통령의 위대한 리더십이 드러난 장면이라 생각된다.

정승화 중장은 내가 독일유학 동안 1군사령관을 거쳐 육군참모총장으로 영전하였는데 본인이 사관학교장 재임시 선발했던 박찬주 생도에게 상당한 애정을 갖고 계셨던 것으로 보인다. 연말이 되면 독일에 있는 나에게 상당한 금액의 달러를 우편환으로 보내 주셨다. 간단한 한 문장의 친필 격려 서신과 함께...

79년 10.26사태와 12.12사태시 나는 독일육사 재학중이었는데 그때는 체코 국경에 위치한 독일군142기계화보병대대에서 소대장 실습 기간 중이었다. 박정희대통령의 서거는 물론 이어서 정승화장군이 체포 구금되었다는 소식을 접하고 비통한 나날을 독일에서 보내게 되었고 그 다음해 5월에는 광주사태 소식까지 접하면서 더욱 우울하게 지냈던 기억이 난다.

〈정승화 장군〉

C. 독일 육사 유학

독일육사는 우리와는 달리 3년 군사학 교육 후 임관하고 이어서 희망자에 한해 3년반 동안의 학위교육으로 나뉘어 진다. 지금까지 한국 생도는 3년 군사학만을 수료하고 귀국하였는데 나의 경우부터 최초로 7년 동안 군사학과 학위교육까지 모두 마치는 프로그램을 적용키로 하고 출국하게 되었다. 독일 비자 역시 77년부터 84년까지 발급된 상태였다. 그러나 이 계획은 중간에 취소되고 3년 군사학교육만 받는 것으로 다시 조정되었는데 계획 조정을 강력하게 주장하여 관철한 분은 당시 독일지휘참모대학에 유학 와있던 육사 25기 이상선 소령이었다.

이 소령 역시 생도시절 독일육사에 유학 왔던 분인데 그 분의 논리는 만약 내가 7년간 독일에서 교육을 받고 귀국하게 되면 이미 동기생들은 대위가 되어 중대장을 하고 있을 텐데 그렇게 되면 박찬주 생도는 이것도 저것도 아닌 상태가 될 것이고 야전근무는 어렵게 되면서 육사교수로 군생활을 할 가능성이 높아진다는 것이다. 그렇다면 군사유학의 의미가 퇴색되는 것 아니냐는 주장이었다.

결국 육군본부에서는 이 소령의 논리가 일리 있다고 받아들여서 교육기간은 3년으로 다시 조정되었다. 당시에는 아쉬운 생각이 들었으나 지금 돌이켜 보면 잘된 조치였다는 생각이 든다.

77년 가을, 나는 열아홉살의 나이에 프랑스 파리로 향하는 비행기에 올랐다. 당시에는 유럽으로 가는 비행노선은 파리를 경유해야만 했기 때문이다. 파리 오를리에 공항에서 나는 다시 쾰른/본 공항으로 환승했다. 주독일 무관이 프랑스 파리까지 마중을 나와 나를 안내했다.

세상에! 기차도 한두번 밖에 못 타본 촌놈이 유럽으로 향하는 비행기라니! 나는 이게 현실인지 꿈을 꾸고 있는 것인지 혼돈스러웠다. 비행기 뒷 편에는 유럽으로 입양가는 영유아들 10여명이 함께 타고 있었고 애기들 울음소리가 계속해서 들렸다. 비행기표를 할인 받는 대신 입양 아기들을 돌보며 가던 여성들의 모습이 기억에 남는다.

우리나라의 경우 사관생도들은 임관할 때 비로소 병과가 정해지는데 비해 독일의 경우는 반대로 사관학교 입학할 때 이미 병과를 정한다. 왜냐하면 우리는 사관학교 과정이 군사학보다는 학위과정이 중심인 반면 독일은 군사학 중심의 교육제도이기 때문이다. 그리고 독일의 모든 부사관후보생이나 장교후보생들은 일단 일반병사들과 똑같이 전투 사단에서 3개월 간의 신병교육을 받아야 한다.

나는 독일북부 항구도시인 쿡쓰하펜에서 신병교육을 받았다. 처음 4주는 제식훈련과 사격, 구급법, 화생방 등 기초적인 교육을 받았고 나머지 8주는 독일 주력장갑차 마더(MARDER)에 대해서 집중적으로 배웠는데 거의 매일 장갑차 안에서 생활했다고 해도 과언이 아닐 정도

〈독일군의 국기에 대한 서약식 행사〉

였다.

하루 교육훈련을 마치면 온몸이 기름과 매연으로 뒤범벅이 되었다. 3개월 교육후에는 스스로 자신감을 가질 정도로 장갑병의 능력을 갖추게 되었다. 약 130명의 신병중 장교후보생은 3~4명 가량 되었는데 신분은 달라도 대우는 조금도 다르지 않게 혹독한 훈련을 함께 받음으로써 일반병사들과 동질감을 갖는 기회가 되었다.

신병교육후에는 다시 3개월 동안 군에서 사용하는 모든 차량의 운전 및 조종면허를 취득하였다. 오토바이와 찦차, 트럭, 궤도차량을 도로와 야지에서 일반주행과 전투주행까지 숙달하였는데 그것은 내가 독일군에 적응하고 독일군 장교가 되는데 가장 실질적이고 도움되는 자산이 되었다.

6개월의 기초군사훈련과 확장교육과정을 마친 나는 비로소 하노버에 위치한 사관학교에 입교하였다. 전국 각지에 흩어져서 병과별로 신병교육을 받던 동기생들을 처음으로 만나게 된 것이다. 학교 건물도 과거와 현대가 적절히 조화된 데다가 말끔한 제복에 넥타이를 매고, 전술학은 물론 영어, 법학, 정치, 체육 등 일반학을 배우게 되니까 이제 사람 답고 생도다운 대우를 받는구나 하는 흥분을 감출 수가 없었다.

동기생들은 기갑, 보병, 포병, 공병, 수송, 화학 등 모든 병과에서 6개월의 군사훈련을 통해 어엿한 전사(戰士)가 되었기 때문에 모두들 병과에 대한 애정과 긍지가 보통이 아니었다. 병과간 결속과 단합이 지속되었고 친한 동기생들과 생활하다 보면 그 동기생이 떠벌리는 자기 병과자랑과 6개월 간의 군사훈련 경험을 계속 듣게 되니까 모든 병과에 대한 이해가 높아지는 계기가 되었는데 이 점이 독일군을 강하게 만드는 요인이 된다는 것을 나중에 깨닫게 되었다.

독일군은 병과별로 색깔이 지정 되어 있는데 어깨 견장에 부착된 띠의 색깔과 베레모의 색깔로 병과를 표시 한다. 생도들도 똑 같은 제복을 입지만 어깨 견장의 색깔이 달라서 금방 병과가 무엇인지 드러나게 된다. 생도들의 병과(兵科) 사랑은 지독할 정도다. 생도들은 일과시간이 끝나면 다음날 아침까지 완전한 자유시간을 누리는데 저녁이면 생도클럽이나 장교클럽에서 맥주를 마시기도 하고 학급별, 분임조별, 병과별로 토의를 하거나 생일파티를 한다. 그런데 병과별 모임이 있을 때는 항상 자기 병과의 색깔로 만들어진 칵테일을 마신다는 점이다.

자기 병과에 대한 긍지와 애정이 때로는 다른 병과에 대한 견제와 도발로 이어지기도 한다. 쉽게 얘기하자면 서로 놀리는 것인데 이것이 상황과 여건에 맞게 무궁무진하게 적용되기 때문에 늘 박장대소로 막을 내린다.

〈독일군의 횃불 점호 행사〉

　미리 병과를 정하고 6개월간의 혹독한 군사훈련후 사관학교에 입학
시키는 것은 생도들의 학업과 생활에 엄청난 동력을 제공함은 물론이
고 다른 병과에 대한 이해와 자기병과에 대한 전문성을 함양하는 데
지대한 역할을 한다고 본다.

　하노버에서의 생도생활은 나에게 새로운 세상을 선물해 주었다. 생
도들은 7층짜리 풀옵션 기숙사에 1인1실을 사용했는데 저녁이면 외
출을 나가 도시를 활보할 수 있었고 음식재료를 준비하여 공동부엌과
자기 호실에서 요리를 할 수도 있었다. 나는 가끔 중국음식점에 가기
도 했고 어떤 때는 어시장에서 홍합을 사다가 삶아서 동기생들과 맥주
를 마시곤 했다.

　200명의 생도중 외국생도라고는 나와 태국생도 등 두명 뿐이었다.
태국생도는 왕족이었는데 태국사관학교 1년을 다닌 후 영국 왕립사관
학교에서 3년간 유학하고 다시 독일 사관학교로 왔다고 하니 아마도

왕족으로서 후계자 관리차원에서 온게 아닌가 하는 생각이 들었다. 사관생도로서는 사실 몇 년 선배가 되고 나이도 서너살 많아서 내가 형처럼 대우해 주었고 그 태국생도도 나를 굉장히 좋아했고 동생처럼 아끼며 사이좋게 지냈다.

안타깝게도 태국생도는 학업부적응으로 중간에 퇴교 되어 본국으로 돌아갔다. 독일에서의 생도생활도 크게 흥미를 느끼는 것 같지가 않았다. 귀국 후 중위로 임관하였고 캄보디아 국경근처에 배치되었으며 그 후 상당한 전공을 세워 대위로 특진했다는 소식도 들려 왔다. 그 이후에는 안타깝게도 연락이 두절되었으나 2008년 내가 준장시절 국방장관 군사보좌관 할 때 주한 태국무관을 통해 수소문 해본 결과, 육군소장으로 예편했다는 사실을 확인할 수 있었다.

하노버 사관학교(통일 후 사관학교는 동독지역에 위치한 드레스덴으로 이전함) 시절 내가 외국생도로서의 언어적, 환경적 핸디캡을 딛고 우등생으로 졸업할 수 있었던 데는 몇가지 계기가 있었다.

독일에서는 생도들에게 법학교육을 강도 높게 시켰는데 그것은 법치기반의 부대지휘를 강화하기 위해서다. 사관학교 입학 후 첫 법학시험에서 나는 전 생도 통틀어서 유일하게 만점을 맞았다. 이 사건은 큰 반향을 불러 일으켰고 독일측 입장에서는 매우 불편한 일이었다.

그 법학시험은 30문항의 사지선다형 객관식 시험이었는데 우리나라 시험지는 통상 네개의 답안 중에서 정답이 하나인데 반해 이 법학시험은 A,B,C,D 중 답이 하나일 수도 있고 여러 개 일 수도 있고 없을 수도 있는 방식이다.

가령 정답이 A와 B 두개인데 A하나만 체크하면 0.5 점을 주지만 정답이 A하나인데 A, B, C 세개를 체크하면 A와B는 서로 상쇄되고 C는 틀린 것이 되어 마이너스 0.5점을 주는 방식이었다.

따라서 적극적 방식보다는 항상 신중하게 접근해야 한다. 그런데 성적에 욕심을 내서 적극적으로 접근하다 보면 오히려 감점이 많아지게 된다. 그러다 보니 종합점수가 마이너스인 생도도 여러 명 있었다.

그런데 외국생도인 내가 유일하게 만점을 받았다는 것은 법학교수를 당황케 만들었고 순식간에 학교전체가 침묵으로 휩싸이게 만들었다. 나로서는 기쁘다는 생각보다는 미안한 마음에 어쩔 줄 모르게 되었다. 이럴 줄 알았으면 적당히 틀릴 걸 하는 생각까지 들었다. 나는 며칠간 표정관리를 하면서 일부러 미흡한 과목에 모르는게 있으면 독일생도중 똑똑한 친구들을 찾아가 묻기도 하고 고맙다고 인사함으로써 부정적 견제의식을 완화시키려 노력하였다.

총기나 화포를 사격할 때 응용하는 탄도학(Ballistics)은 수학이 작용하는 과목이다. 나는 고등학교에서 미적분을 배웠지만 독일생도들은 미적분을 배운 적이 없기 때문에 탄도학에서도 두각을 나타낼 수 있었다. 반면에 정치학이나 전술학 등은 토론이 중심이다 보니 아무래도 독일생도에게 밀릴 수 밖에 없었으나 항상 창의적인 시각으로 접근함으로써 만회할 수 있었다.

체육과목은 수영에서 밀렸지만 육상에서 만회하였다. 특히 나는 초, 중,고등학교를 몇 키로 씩 걸어 다닌 데다가 오래 달리기를 잘해서 독일에서도 늘 선두를 놓치지 않았다. 1978년 당시 독일은 벌써 주 4.5 일제가 적용되고 있던 때였다. 매주 금요일 11시가 되면 전 생도들이 체육복장으로 나와서 5Km 크로스칸츄리 달리기를 하는데 학교장이 나와서 모든 생도와 악수할 수 없으니 1등부터 7등까지 격려하며 악수를 해주고 주말 잘 보내라고 인사하고 들어간다. 나는 입학부터 졸업 때 까지 1등을 양보하지 않았다.

이런 이유로 나는 외국생도이지만 조금도 뒤처지지 않고 생도생활을 할 수 있었고 설령 내가 미흡한게 있어도 "아 저 생도는 대단한 친구야" 하는 선입견을 주었기 때문에 무시 당하는 일은 조금도 발생하지 않았다.

생도생활 초기의 어려움은 전혀 예기치 않은 곳에 있었다. 독일생도들이 다투어 주말에 나를 초대했는데 그 취지는 좋았지만 시간이 흐를수록 불편을 느끼게 된 것이다.

금요일 점심식사후 초대한 동기생과 함께 수백 Km를 드라이브 해서 그 집에 3일간 머물며 지내는 것이 보통 일이 아니었다. 우선 낯선 독일가정을 방문하여 부모님께 인사 드리고 저녁 대접 받은 후 친구들 만나 디스코텍에 가고 다음 날은 어김 없이 그 지역 박물관 몇 군데를 안내 받아 다니기 일쑤 였다. 초대 받은 집집마다 거의 일정이 비슷했고 너무나 세심한 배려가 오히려 나를 긴장하게 만들었다. 주고 받는 대화도 거의 주제와 내용이 비슷할 수 밖에 없었다.

일요일 저녁에 동기생 부모님께 인사 드리고 늦은 밤 또는 월요일 새벽 사관학교에 복귀했을 때는 몸과 마음이 지쳐 있었고 다시 새로운 환경이 적응하는 느낌이었다. 동기생들은 어떻게 해서 든 잘 해주려고 노력하는 것이지만 점차 나에게는 그 배려과 정성을 다 받아들일 수 있는 여력이 없게 되었다.

주말에는 혼자만의 시간도 갖고 싶고 다음주 학습준비도 하고 싶었다. 나는 외국생도로서 독일생도보다 준비해야 하는 분량도 훨씬 많기 때문이다. 이미 약속된 일정은 어쩔 수 없어서 소화한 후 그 다음부터는 이런 저런 핑계로 주말 초대를 사양하고 그 횟수를 줄여 나갔다.

〈같은 교반 동기생들〉

D. 주님과의 만남

 나는 기독교 신앙 2세대이다. 나는 매일 새벽, 눈물로 기도하는 어머니의 기도 소리를 듣고 자랐다. 나의 어머니는 매일 같이 안방 윗목에 엎드려서 먼저 나라를 위해 기도하시고 이어서 자고 있는 4남 1녀의 이름을 하나씩 거명하며 간절히 기도를 드렸다. 그 때 부친은 아궁이에 쇠죽을 끓이시며 찬송을 부르셨다.

 그렇기 때문에 우리 형제들은 부모의 말을 거역하거나 탈선하는 행동은 생각할 수가 없었다. 부모님이 저렇게 자식을 위해 고생을 하시는데 어떻게 해서든 열심히 해서 부모님의 기대에 부응해야 한다는 책임감이 있을 뿐이었다. 우리 4형제는 모두 천안고등학교를 졸업했는데 여기에 대한 부친의 자부심은 매우 컸다. 아마도 4형제가 같은 고등학교를 나오는 것은 앞으로도 깨지기 힘든 기록이 될 것이다. 우선 누가 아들을 넷 씩이나 낳겠는가.

 나의 부친은 2016년 90세의 나이로 작고하셨는데 돌아가시기 몇

달 전 나를 만났을 때 나에게 사과할 일이 있다고 하시며 말씀하시기를 "너 고등학교 갈 때 떨어지라고 기도했다. 미안하다"고 하시는 것이었다. 시골에서 4형제 모두 고등교육을 시키는 것은 너무나 힘든 시절이었고 누군가 하나는 부모를 도와 농사를 짓는 것이 합리적이었던 때였기 때문이다.

　나의 어머니는 신실하기 그지 없는 신앙의 소유자였다. 첫 열매는 하나님께 드려야 한다는 순종의 출발에서 첫 아들인 큰형은 목사님이 되었고 둘째와 막내는 교직에 몸을 담게 되었으며 나는 직업군인의 길을 걷게 되었다. 누나는 환갑이 넘은 나이에 목사 안수를 받고 활동 중이다. 믿음의 크리스챤 명문가족이 된 것이다.

　운명(Destiny)이란 인간을 포함한 자연의 모든 것을 지배하는 초인간적인 힘을 말한다. 운명이란 만남과 선택을 통해서 결정된다고 생각한다. 그리고 그 만남과 선택은 하나님의 주권 하에 있는 것이다. 인간은 자신의 운명을 지배 할 수는 없으나 다행히도 자신의 운명을 지배하는 분을 만날 수는 있다고 믿는다.

E. 병역명문가

어느 한사람을 기준으로 본인과 아들들, 그리고 손주들까지 3대에 걸쳐 모두 현역으로 병역을 마친 가문을 병역 명문가라고 한다. 우리 집안의 경우 1세대인 부친은 6.25참전용사이신데 이등상사로 제대하셨다. 2세대인 나의 4형제는 모두 장교로 군복무를 마쳤고, 3세대인 손주 5명은 병장으로 만기제대 했다. 3대 모두가 군복무한 기간을 합산하면 65년에 달한다.

6.25전쟁시 미 8군사령관 겸 유엔군사령관이었던 밴플리트 대장의 아들과 중국의 모택동 아들은 6.25전쟁 참전 중 실종되었다. 밴플리트 장군 아들은 폭격기 조종사였다가 적지에서 격추되었는데, 규정에 명시된 30일 실종자 수색작전 기간의 연장을 불허하였다. 더 이상 다른 사람의 자식들을 위험에 처하게 할 수 없다는 의도였다. 밴플리트 장군 아들은 북한, 중국, 러시아를 전전하며 포로생활하다가 생을 마감한 것으로 알려진다. 모택동 아들은 현역중령으로 한국전에 참전했다

가 실종됐는데 당시 모택동은 "실종된 중국인민해방군 戰士들의 시신을 모두 찾은 후 마지막으로 우리 아들 시신을 가져오라"고 명령했다. 수색활동을 하지말라는 뜻이다.

이처럼 역사적으로 强國의 지도층들은 노블레스 오블리지를 실천하면서 군대의 명예를 존중하고 군대가 추구하는 가치를 지켜주려고 노력했다. 나는 3대가 모두 현역으로 근무한 병역명문가라는 사실이 자랑스럽고 국가에 대한 최소한의 의무를 다했다는 점에서 뿌듯하게 생각한다.

〈모두 장교로 복무한 4형제〉

F. 지상전의 왕자, 기갑병과

모든 장교는 병과라는게 있고 부사관과 병사들은 주특기라는 것이 있다. 병과에는 보병, 포병, 기갑, 공병, 통신, 항공 등의 전투병과와 병참, 수송, 화학, 정훈, 재정, 정비, 방공, 군종, 군악, 의정 등등의 병과가 있다.

나의 병과(兵科)는 기갑이다. 우리나라 육군에서 기갑은 소수병과에 속한다. 병과의 규모를 가늠해 보는 데에는 사관학교 졸업 후 임관하는 숫자를 보면 짐작할 수가 있다. 육사 37기의 경우 340명이 입학했다가 300명이 임관했다. 그 중에 보병이 180명, 포병이 52명, 공병이 28명, 통신이 18명이었는데 기갑은 7명이었다.

기갑병과에서 대장이 된 것은 군 역사상 내가 처음이다. 내가 기갑병과를 선택한 것은 정승화 중장의 권유에 의한 것이다. 기갑전력이 우세한 북한군의 위협에 대비하여 독일육사에 가면 기갑을 택하고 세계적인 기갑전의 전문가가 되어서 국가방위에 필요한 역할을 하라는 사명을 주었기 때문이다. 다행히 독일에서는 기갑이 육군의 主병과이고 긍지를 느낄 수 있는 병과이어서 좋았다.

77년부터 80년까지 독일육사를 다닌 후 귀국한 나는 임관 후 전후방 각지에서 지휘관과 참모를 반복하며 군생활을 했다. 최초 부임지는 동두천에 위치한 제3기갑여단 기갑수색중대 3소대장이었다. 기갑수색소대는 경수색차량 3대, 전투장갑차1대, 전차 2대, 4.2" 박격포가 탑재된 K-242장갑차 등 다양한 전투장비로 구성되어 있다. 특히 불규칙하고 유동적인 전선에서 최전방으로 나아가 적과 부딪치고 전투를 유도함으로써 적의 규모와 반응을 탐색하는 적극적 수색정찰부대이다. 숨어서 적을 관찰하는 정찰과는 다른 전투활동이다.

1982년 3월 남한강을 두고 진행된 팀스피리트 훈련에 참가한 적이 있었다. 나는 기갑수색소대를 이끌고 적진으로 들어가 수색활동을 전개했는데 전차 2대는 멀리서 지원하도록 하고 경수색차량을 끌고 적진으로 들어갔다.

마침 미국에서 증원된 부대들이 대규모 공중착륙 중이었는데 이를 포착하고 포병지원사격을 유도함으로써 적에게 대규모 피해를 주는 큰 성과를 올리게 되었다. 현장의 미군 심판관도 내 성과를 인정해 주었다. 여단장께서 아주 흡족하게 생각하시고 중대장을 통해 격려의 말씀을 전달 받았다. 그 다음날인 4월1일 여단에서 일계급 특진 행사가 있으니 여단지휘소로 오라는 연락을 받고 부랴부랴 갔다. 그날 여단장께서 내 어깨에 중위 계급장을 달아 주셨는데 마침 그날은 나 뿐만이 아니고 전국에 있는 모든 육사 37기 동기생들이 중위를 다는 날이었다. 현장에 몰입되어 있던 나는 그 사실 조차 잊고 있었다.

소대장을 마친 다음에 나는 26전차대대 인사과장으로 발령이 났는

데 이 기간에는 본격적으로 문서행정에 대해 배우는 계기가 되었고 각
종 규정과 방침 등 군대의 기초행정을 배우는 기간이었다. 아울러 참
모로서의 기능을 체험하는 시간이었다.

나는 군생활 동안 거의 모든 지휘관을 창설부대에서 맡았다. 1985
년 7월에는 한국군 최초로 현대정공이 주도하여 개발한 K-1 전차 11
대를 인수받아 신형 전차중대를 창설하였다. K-1전차는 105미리
주포에 포안정장치와 레이저거리측정기, 야간열상장비를 장착하고
1200마력 독일 파워백(엔진과 미숀이 결합된 것을 지칭)을 탑재하였
으며 주물 장갑이 아닌 Chobam 장갑으로 방호력을 갖춘 전차이다.

〈세계최강의 흑표전차〉

대대장, 여단장, 사단장 역시 보병부대를 인수하여 기계화부대로 개
편한 후 일정한 훈련을 통해서 정예부대로 만드는 게 주 임무였다.

기갑이란, 탱크(戰車)를 중심으로 장갑차, 자주포, 공격헬기 등으

로 구성된 기동화된 전투집단을 의미한다. 나의 기갑병과에 대한 자부심은 유난히 강하다. 기갑병과는 고대 騎馬兵의 정신을 이어 받은 병과로서 기동성과 강력한 충격력을 바탕으로 결정적 승리를 가져다 주는 전장(戰場)의 지배자이다. 기갑병과의 정신(Team Spirit)은 대담성(Audacious)과 창의성(Creative)), 주도성(Initiative)으로 대변된다. 이 기갑정신은 내가 군생활 동안 신조로 여겨온 것들이다. 기갑병과는 지상의 왕자(Prince Of Battlefield)라는 별칭을 갖고 있다.

기갑병과의 모토(Motto) 중에는 "우리는 한날 한시에 태어나지 않았으나 한날 한시에 함께 죽을 전우"라는 것이 있다. 도원결의에서 유비, 관우, 장비가 맺은 언약의 내용이기도 하다. 이것이 기갑병과에서 의미가 있는 이유는 탱크안에는 4명이 탑승하는데 만약 적의 대전차 미사일이나 비행기 공격으로 탱크가 파괴 된다면 어차피 모두 함께 전사할 운명이 된다는 것이다. 그렇기 때문에 기갑병과는 전우애를 중시하며 "ONE FOR ALL (하나는 전체를 위하여), ALL FOR ONE (전체는 하나를 위하여)"의 정신이 제대로 작동하는 병과이다.

전차는 1차 세계대전시 고착된 참호진지를 돌파하기 위하여 고안된 무기체계였다. 말 그대로 철판을 덕지덕지 붙여 만들었기 때문에 TANK라는 이름이 붙여졌다. 1차 세계대전은 화력이 기동력을 압도한 전쟁이었다. 포병의 화력이 획기적으로 증가하고 기관총이 등장함으로써 기마병이 사라지고 전장에서 보병들은 행동의 자유가 없게 되었다. 그러다 보니 전쟁 양상은 진지전, 참호전의 양상을 띠게 되었고 엄청난 인력손실로 이어지게 된다. 이러한 제한사항을 극복하는 방법의 하나로 탱크가 등장하게 된 것이다.

1차 대전이 끝난 후 유럽에서는 "앞으로의 전쟁에서는 진지에서 먼저 뛰쳐나오는 놈이 진다"는 방어제일주의 사상이 지배하게 되었는데 그 결과로 프랑스는 獨佛 국경을 따라 그 유명한 마지노(Maginot) 방어선을 구축하게 되었다. 프랑스는 방어제일주의 사상에 묻혀 모든 전차를 방어용으로 분산 배치한 반면, 독일은 전격전(Blitz Krieg)이라는 새로운 군사사상을 창출하고 모든 전차를 집중하여 공격용으로 사용하게 된다.

이러한 생각의 차이가 세계전사에 남는 경이적인 결과를 낳게 된다. 1940년 독일은 프랑스에 비해 절반 밖에 되지 않는 전차를 가지고도 전격전을 수행하여 일거에 프랑스를 석권하게 된다. 1차 세계대전 당시 5년동안 천만명의 인명손실로도 달성할 수 없었던 성과를 불과 6주만에 2만여명의 손실로 이루어낸 것이다. 이 경이적인 결과로 全세계는 경악하였다.

그 이후 독일은 유럽을 장악하였으나 미국의 참전과 러시아의 저항으로 패전국의 길을 걷게 되었다. 비록 독일은 전쟁에서는 졌지만 전투에서는 탁월한 능력을 발휘하면서 全세계의 주목을 받게 되었고 이러한 공세적인 군사사상을 받아들인 이스라엘은 3차중동전쟁에서 6일만에 아랍국을 상대로한 전쟁에서 승리하였다. 현대전에서 비록 무기체계와 수단은 진전되고 있지만 독일의 군사사상은 각국의 군사교리에 접목되어 全 세계적으로 활용되고 있는 실정이다.

우리나라에도 기갑부대로 구성된 군단이 있다. 바로 사령부가 장호원에 위치한 제7군단이다. 우리 군의 모든 군단들은 일정한 책임지역을 담당하며 방어작전을 수행하지만 유독 7군단 만큼은 책임지역 없이 집결되어 있다.

그래서 전방에 배치된 1,2,3,수도,5,6,8군단은 지역군단이라고 하고 7군단은 기동군단이라고 부른다. 만약 전쟁이 발발한다면 전방의 모든 군단들은 사활을 걸고 책임지역을 방어하면서 적의 공격을 수도권 북방에서 저지할 것이다. 그렇게 되고 나면 7군단이 투입된다. 7군단은 그 사이에 전개된 미 ○○ 군단과 함께 북으로의 반격작전을 주도하여 평양을 석권하고 국경선을 확보하여 통일을 이루게 된

〈7군단장 시절의 필자〉

다. 물론 여기에는 막강한 한미공군의 화력과 한미해군의 제해권 장악이 중요한 전제수단이 된다.

나는 7군단장을 역임하였다. 7군단은 항상 최신예 전차와 장갑차, 자주포, 공격헬기 등으로 무장되어 있으며 모든 군수물자 지원도 기동화된 유일한 군단이다.

만약 전쟁이 발발한다면 북한은 7군단에 의해서 궤멸될 수 밖에 없다. 이러한 사실을 북한이 인식하게 되면, 북한은 전쟁을 모험하지 못한다. 그래서 전쟁을 일으키지 못하도록 하는 것, 그것이 억제의 개념이다. 결국 7군단은 북한으로 하여금 전쟁을 일으킬 엄두를 못내게 하는 중요한 전략적 부대인 것이다.

G. 계속되는 독일과의 인연,
네 번의 군사유학

77년부터 80년까지 독일육사를 다닌 후 귀국한 나는 임관 후 전후 방 각지에서 지휘관 참모를 반복하며 군생활을 했다. 그러다가

- 대위시절이던 85~86년에는 다시 독일로 유학을 가서 기갑고등군사반을 수료했고

- 소령 시절인 92~93년도에는 독일지휘참모대학을 다녔으며

- 2001년부터 2004년까지는 독일 육군성에 파견되어 교환교관 직책을 수행했다.

돌이켜 보면 70년대에 사관학교, 80년대에 고등군사반, 90년대에 지휘참모대학, 2000년대에 교환교관 등 10년 단위로 한번씩 군사유학을 했으니 독일과의 인연이 참 돈독하다고 할 수 있겠다. 어느 독일군 장성은 나를 가리켜 "독일군 장교보다도 더 독일군을 잘 아는 외국 장교"라는 평가를 하기도 했다. 독일군의 모든 교육과정을 다 이수했기 때문이다.

네 번의 군사유학은 공교롭게도 두 번은 독일통일 전이고 두 번은 독일통일 후라서 자연스럽게 통일 전후를 비교하여 체험하는 계기가 되었다.

독일은 2차 세계대전에서 패하였고, 전후 우리나라와 마찬가지로 전승국에 의한 軍政이 실시되었다. 우리나라와의 차이점은 독일에는 전승국 美, 英 佛, 露 4개국에 의한 군정이 시행되었다는 점이다. 영국은 독일의 북부를, 프랑스는 독일의 서부를, 미국은 독일의 남부를, 그리고 쏘련은 독일의 동부를 담당하여 군정을 실시하였고 군정이 끝난 후, 미영불은 함께 서독 즉 독일연방공화국(BRD)을 건국한 반면, 쏘련은 동독 즉 독일인민민주주의 공화국(DDR)을 세우게 되면서 분단의 길을 걷게 되었다.

동독은 면적으로나 국력면에서 결국 서독의 1/3규모가 되었으며 이러한 요인은 후에 흡수통일이 이루어진 배경이 되었다. 당시 베를린은 별도로 4등분하여 전승국이 통제하였는데 미영불이 통제하는 지역을 서베를린, 러시아가 통제하던 지역을 동베를린으로 불렀다. 베를린이 동독 영토내에 위치해 있었기 때문에 서베를린은 섬처럼 고립된 도시였고 서독에서 서베를린을 가려면 동독 땅을 거쳐야만 가능했다. 서베를린에 거주하는 사람은 병역의무가 면제되었다.

통일 전 냉전시대에도 동서독은 서신교환은 물론 65세 이상은 왕래가 가능했고 라디오와 티비 등 전파 교환도 이루어졌다. 기차를 타고 여행하다가 앞에 앉은 할머니와 대화 중에 그 할머니가 동독에서 왔다는 소리를 듣고 깜짝 놀란 적도 있었다. 정부의 허락을 받고 서독에 있는 손주들 만나러 왔다는 것이다. 티비를 보다가 채널을 돌리면 갑자기 흑백 티비가 나오는데 그 채널은 동독 방송인 경우다.

독일사람들은 대체로 한국인에 대한 호감을 가지고 있다. 2차세계대전후 분단된 국가이고 국민성이 근면한데다 60, 70년대에 파독 광부와 간호사들이 성실한 모습을 보여주었기 때문이라 생각된다. 그러나 농담반 진담반으로 독일사람들이 한국사람을 존경하는 진짜 이유는 "자기들이 무시할 수 없는 일본인들을 한국사람들이 무시한다"는 점이다.

70년대 일본의 경제규모는 유럽전체와 비슷할 정도였고 그 때 당시에는 "서기 2000년이 되면 일본이 미국을 능가할 것"이라는 미래학자들의 예언도 있었던 시절이기 때문에 유럽에서 제일 잘나간다는 독일사람들도 일본사람을 만나면 주눅이 들 만도 할 때다. 그런데 한국사람들 만나보면 일본사람을 아주 우습게 알고 자신감을 드러내 보이니 도대체 그 자신감이 어디서 나오는가 하고 독일사람들이 의아해 할 만했던 것이다.

세계적으로 우뚝 선 독일의 군사사상은 19세기 신흥강자 프로이센의 전통에서 비롯된다. 강력한 군사개혁으로 강군을 육성한 프로이센은 19세기 중반 독일을 통일하고 오스트리아 전쟁과 프랑스 전쟁을 승리로 이끌면서 나폴레옹이 지배하던 유럽의 패권을 이어받았다.

프로이센의 참모총장 몰트케 원수는 군제의 개편은 물론 군사사상을 획기적으로 변화시킴으로써 나폴레옹 이후의 구체제를 청산하고 새로운 군사 사상의 시대(ERA)를 열게 되었다.

그 사상의 핵심은 전투에서 발생하는 위험에 대한 인식을 기반으로 한다. 몰트케는 "전장에서의 호기는 잠시 나타났다가 사라지기 때문에 현장에서 즉각 이용하지 않으면 안된다"는 것이며 "전장에서 호기가 포착되면 각 제대별로 누구든 그 호기를 이용하여 전과를 확대할 수

있어야 한다"는 논리를 강조하면서

이에 대한 전제조건으로 전 장교들이 공통의 전술관을 머리에 탑재하고 그 개념내에서 상상과 행동의 자유를 가질 것과 실패에 대한 관용의 정신을 내세웠다. 다시 말해서 행동의 자유를 갖되 공통의 전술관을 유지하고 상급지휘관의 의도내에서 자유를 가질 것과 또한 설령 실패하더라도 상급지휘관이 관용을 베풀어야만 하급장교들이 능동성을 가질 수 있다는 것이다. 결론을 말하면 실패를 두려워하지 말고 행동의 자유를 가지고 전장에서의 호기를 적극 활용하라는 뜻이다.

몰트케의 이러한 사상은 당시 환경에 비추어 봤을 때 획기적인 것으로서 나폴레옹 시대의 고도로 통제된 전투수행방식에 익숙해 있었던 기존 세대에게는 받아들이기 힘든 일이었다.

기존 원로그룹은 '몰트케의 방식은 위험을 방치하는 것'이라면서 격렬하게 반발했고 심지어는 자결로 저항하기도 했다.

몰트케는 누구인가. 그는 1818년 코펜하겐 사관학교를 졸업하고 프로이센(영어권에서는 프러시아 라고 부름) 육군에 입대한 후 베를린 사관학교 연구관을 거쳐 참모본부에 근무했으며 터키 마흐무트2세의 군사고문이 되어 터키군대를 프로이센식으로 개편하면서 경험을 비축하게 되었다. 프로이센의 왕 빌헬름 1세와 수상 비스마르크의 부국강병책에 적합한 인물로 지목되면서 1858년 독일군 총참모장이 되었으며 프로이센 군을 주도적으로 개혁하였다. (독일에는 역사적으로 두 명의 몰트케가 있는데 지금 언급한 사람은 大몰트케라고 부르며 다른 한사람은 大몰트케의 조카 小몰트케로서 1차 대전시 총참모장을 맡은 사람이다)

새로운 군제와 무기체계, 새로운 군사사상으로 무장된 프로이센군은 1864년 덴마크 전쟁, 1866년 오스트리아 전쟁(보오전쟁), 1870~1871년 프랑스전쟁(보불전쟁)을 승리로 이끌며 유럽의 패권을 차지 하였고 몰트케 대장은 보불전쟁 후 원수가 되면서 종신 상원의원이 되었다.

1870년의 보불전쟁(프로이센과 프랑스의 전쟁)에서 먼저 선전포고를 한 것은 프랑스였다. 프랑스의 나폴레옹 3세는 영국의 빅토리아 여왕이 지배하는 정도의 광대한 영토를 차지 하겠다는 야심을 품은 자로서 미국이 남북전쟁을 하는 동안 멕시코를 차지하기 위해 군대를 파병하기도 하였고 지중해와 인도양을 잇는 수에즈 운하를 개통하였으며 이탈리아 정복을 준비하기도 하였다.

그런 프랑스가 프로이센에게 선전포고를 한 후 치러진 전쟁은 예상과 달리 프로이센이 압도한 전쟁이었다. 프로이센 군은 지휘체계와 무기체계에서 우월했을 뿐 만 아니라 전 제대가 새로운 군사사상 즉 행동의 자유를 가지고 전장의 주도권을 장악하는 바람에 프랑스 군은 속수무책으로 당할 수 밖에 없었다.

大 몰트케는 강조하기를 "전장에서 모든 위협에 대처할 만큼 충분한 전투력이 여러분에게 제공되지 않을 것이다. 모든 위협에 대처하려 하지 말고 선택과 집중으로 주도권을 장악하라" "누구든지 기회가 포착되면 과감히 그 기회를 이용하라." "상급자에게 보고한 후에 싸우려 하지 말고 먼저 싸우고 보고하라" 등 공세적이고 능동적인 전투를 주문하였다.

독일육사를 졸업한 김관진 前 국방장관이 재임시절 "쏠까요 말까요 묻지마라. 보고하고 싸울 생각 말고 싸운 후에 보고하라"라는 말을 입에 달고 지낸 것도 그 분이 이러한 독일의 군사사상에 접목되었기 때문이라 생각된다.

보불전쟁에서 압도적 승리를 거
둔 프로이센은1871년 1월 18일 파
리 외곽에 있는 베르사이유 궁전에
서 거대한 역사적 행사를 가졌다.
프로이센왕 빌헬름 1세를 독일제
국의 세습황제로 추대하고 비스마
르크를 제국수상으로, 몰트케 대장
을 원수로 승진 시킨 것이다.

독일북부의 작은 프로이센 왕국

〈헬무트 폰 몰트케〉

이 독일 여러 왕국과 공국들을 병합하고 덴마크, 오스트리아, 프랑스
등과의 전쟁에서 승리하여 제국의 기틀을 마련할 수 있었던 것은 이
세사람이 있었기 때문에 가능한 일이었다. 비젼과 결단력 포용력을 갖
춘 군주 빌헬름 1세, 외교력과 협상력, 추진력을 갖춘 비스마르크 재
상, 통찰력과 결단력, 과감성을 갖춘 몰트케 대장이다.

몰트케는 사람됨이 친절하고 관대한, 부드러운 남자로 알려지고 있
다. 간결한 결론을 좋아 하고 자기 의무에 충실했던 것으로 평가된다.
이러한 프로이센의 전통을 이어받은 독일은 비록 1, 2차 세계대전을
통해 역사에 오점을 남겼으나 군사적으로는 경이적인 성과를 거둠으
로써 군사사상 강국이 되었고 특히 이스라엘의 군사력운용에 영향을
주었으며 미국을 비롯한 세계 각국의 군사학교에서 벤치마킹의 대상
이 되었다.

H. 권인환 일병과의 만남

육사에 들어가서 장교로 임관할 때는 그저 단순한 각오로 군생활에 임하는 것이 아니다. 자신의 청춘과 일생을 조국에 바친다는 자세로 戰線을 향하게 된다. 그 분위기는 너무나 장엄해서 지구상에 이보다 더 진지한 집단이 또 있을까 하는 생각을 가졌다.

1년 선배인 육사 36기생들 중에는 임관직후 소대장으로 부임하여 비무장지대에서 작전하다가 지뢰를 밟아 다리를 절단하는 인원들이 여러 명 있었다. 그리고 전군에서 들려오는 인명사고 소식이 하루가 멀다 하고 들려 왔다. 나는 전쟁이 일어나면 피할 수 없겠지만 평시에는 부하를 잃지 않는 지휘관이 되었으면 하는 바램이 있었다. 부모가 나를 믿고 귀한 아들을 맡겨 주셨는데 그 소중한 생명을 잘 관리하다가 부모님 품에 돌려드려야 한다는 책임감이 컸고 실전과 같은 훈련은 반드시 안전사고 예방을 위한 지대한 노력이 뒷받침돼야 한다는 신념을 가지고 있었다.

나는 다행히도 소대장, 중대장, 대대장 재임기간 동안 운명을 달리한 부하가 발생하지 않았다. 어느 동기생은 대대장 재임기간 동안 총기사고, 교통사고, 자살사고, 폭행사고 등 있을 수 있는 모든 유형의 사망사고를 겪은 경우도 있었다.

연대장에 부임하자 지휘폭이 훨씬 넓어졌다. 그럼에도 불구하고 연대장 재임기간에도 사망자가 없었다. 사단장에 부임한 후 한동안 인명손실은 없었는데 어느 날 구제역 피해복구를 위해 대민지원을 하던 권인환 이병이 졸음운전하던 승용차가 차도로 돌진하면서 순직하는 사고가 발행했다. 권이병은 전차대대 본부대의 위생병이었다. 2011년 2월의 일이다.

대대장 주관 하에 장례식을 치르겠다는 참모의 건의를 받고 나는 사단葬으로 준비할 것을 지시하였다. 예하부대 지휘관이나 참모들은 가급적 간소하고 빠르게 장례절차를 마치기를 원하는 분위기였다. 내가 권이병의 부모님을 만나는 것도 만류하였다. 나는 생각했다. 자식을 잃은 부모의 마음에 어떤 말씀으로도 위로가 될 수는 없다. 그렇다고 해서 외면하는 것은 도리가 아니라는 생각이 들었다. 나는 부모님을 만나 귀한 아들을 지켜드리지 못한 점에 대해 용서를 구하며 국방의 의무를 다하다가 순직한 권이병의 죽음이 헛되지 않도록 모든 조치를 다하겠다고 말씀드렸다. 장례위원회를 직접 주관하면서 "엄숙하고 장엄하며 명예스러운 장례식"이 되도록 지침을 주었다. 장례식은 연병장에서 개최하되 전차 18대를 ㄷ 자로 배치하고 예포를 발사하도록 했으며 1개대대 병력이 열병대형으로 정렬했다. 장엄한 군악연주에 맞추어 태극기로 덮힌 권이병의 관을 향해 모두가 조의를 표했고 조포가 발사됐다. 장례식장에는 권이병의 대학친구들이 버스 두대로 와서 장례식에 참석했다. 장엄한 장례식이 끝난후 권이병의 부모님께서 감사하다는 장문의 서신을 보내오셨다.

권이병 순직후 49일이 되는 날에는 사단 체육관에서 권이병 추모음악회를 개최했다. 안정을 찾으신 부모님과 여동생도 최선을 다하는 사단의 모습에 감동을 느끼시는 듯 했다. 권이병에게는 일계급 특진이 승인되었고 보국훈장 삼일장이 수여되었다.

권일병의 장례식이 끝난 그날부터 권일병의 부친께서는 매일 아침 나에게 카톡을 보내 오신다. 12년이 지난 2023년 지금 까지도 단 하루도 멈추신 적이 없다. 여수에 거주하시는 권일병 부모님께서는 때가 되면 전복도 보내주시고 돌산 갓김치도 보내 주신다. 나는 안다. 매일같이 나에게 보내 주시는 그 카톡 인사는 떠난 아들과 연결 된 끈이라는 것을… 그리고 그 끈을 끊어서는 안된다는 것을… 아침에 일어나면 가장 먼저 와 있는 아버지 권동주 선생님의 아침인사가 나에게는 너무나 소중한 하루의 일부가 되었다.

I. 부모가 물려주신 재능과 유전인자

나는 고등학교 들어갈 때까지 전기가 들어오지 않는 시골에서 태어나 자랐다. 인류에게 있어서 전기가 들어온다 안 들어온다의 차이는 하늘과 땅의 차이가 있다고 해야 하지 않을까. 전기가 들어오지 않는다는 것은 전등은 물론 티비나 냉장고가 없다는 뜻이기 때문이다. 요즘 아이들에게 우리 어른 세대에는 전기가 없었다고 하면 "깜깜한 데서 티비를 보셨나 보다" 하고 그리 심각하게 받아 들이지 않는다.

우리 동네 사라리에서 3Km 정도 천안시내에 가까운 두정동은 일제시대 때부터 전기가 들어왔다는데 그 3Km를 극복하는 데는 삼십년이 걸렸다. 다른 것은 몰라도 전등이 있어야 밤에 제대로 공부를 할 텐데, 매일 밤 호롱불을 켜놓고 4남1녀가 공부한다는 것은 정말 불편한 일이었다.

나는 오랜 기간 전기가 들어오기를 기다리면서, 전기가 들어오는 데에는 선거가 작용한다는 것을 알게 되었다. 1969년 3선 개헌 때 우리

동네에 전기가 들어올 것이라는 소문이 들리더니 정말 도로 옆에 전봇
대를 세우는 게 아닌가. 그런데 전봇대 세운 것으로 끝이었다. 그 다음
71년 대통령 선거 때 전봇대에 전기줄을 설치하더니 72년 유신헌법
찬반 투표 때 집집마다 대들보에 애자를 박고 전등을 달았는데 실제
전기가 공급된 것은 1974년 가을이었다.

전기가 들어오는 날을 지금도 기억한다. 학교에서 집으로 오다 보니
멀리서 바라 본 동네 불빛이 예사롭지 않았다. 같이 오던 친구 하나가
"전기다!" 하고 외치면서 무작정 앞으로 뛰어 갔고 나머지 일행도 덩달
아 "전기다!" 소리치며 뛰어 갔던 기억이 난다. 물론 전기가 들어왔다
해서 학교 성적이 획기적으로 좋아졌던 건 아니다.

나의 집안만 그런 것이 아니라 나의 학창시절은 배고픈 시절이었다.
쌀밥은 특별한 날만 먹을 수 있었던 때였고 학교에서는 도시락 혼식
검사가 있었던 시절이다. 고등학교 다닐 때 내 짝꿍은 늘 도시락에 삶
은 달걀을 밥에 깊숙이 박아 가지고 왔는데 그 때 내가 결심한 것이 있
었다. '내가 자라면 자식들에게 도시락에다가 삶은 달걀 하나씩은 박
아주는 아빠가 되겠다'는 거였다. 당시 내가 삶은 달걀을 먹을 수 있는
때는 소풍 갈 때와 생일 밖에 없었으니까…

그런데 요즘 아이들은 삶은 달걀을 선호하지 않는다. 그래서 아들들
도시락에 삶은 달걀을 박아주겠다는 내 꿈도 이룰 수 없게 되었다.

내가 독일사관학교 다닐 때는 학교식당에서 아침마다 삶은 계란 하
나와 바나나 하나를 부식으로 지급했는데 독일친구들이 삶은 달걀을
안가져 가니까 항상 수북히 쌓여 있었다. 내가 삶은 계란을 좋아하는
줄 알게 된 식당 아주머니가 매일 삶은 계란 몇개를 종이봉투에 담아

별도로 주셨던 고마운 기억이 난다.

나는 집안이 풍족하지는 않았지만 기독교 신앙의 가풍속에서 늘 희망을 품고 살아왔다. 아버지는 늘 말씀하셨다. "이 집안의 주인은 그리스도 이시니 비록 지금 우리의 삶이 궁핍할 지라도 주님께서는 좋은 미래를 준비하고 계신다" 면서 아무리 힘들어도 절망을 보이시지 않으셨다.

어머니는 지혜롭고 총명하며 헌신적인 여성이셨다. 자식들을 잘 키워야 한다는 교육열이 대단하셨다.

나는 태어날 때 한나절 동안 울지를 않아서 어머니는 벙어리 아들이 태어난 줄 알았다고 한다. 그래서 일까. 나는 늘 순종적인 아이였다. 부모 말씀을 거역하지 않고 선생님 말씀에 경청하며 친구들에게 피해를 주지 않으려 하는, 좋게 말하면 착한, 나쁘게 말하면 존재감이 없던 아이였다. 초등학교때 나의 희망은 목사님이 되는 것이었다. 늘 하나님 말씀을 전하시면서 신도들의 주목을 받고 아멘으로 화답 받는 모습 자체가 순결하고 좋아 보였기 때문이다.

중학교에 들어가면서 나의 희망은 철도기관사가 되겠다고 생각했다. 그냥 기차가 좋았다. 어머니는 농사일이 없는 겨울이면 서울평화시장에서 양말을 떼다가(충청도 사투리임) 주변동네를 다니시며 보따리 장사를 하셨는데, 서울에 물건 뜨러 가시면 의례히 내가 지게를 지고 직산 역에 마중을 나갔다.

그 때 역사 안으로 들어오는 기차의 모습도 좋았고 깃발을 들고 신호를 보내는 역무원들도 멋있어 보였다. 중학교 졸업 후 철도고등학교 진학을 희망했으나 형들의 반대로 인문계고등학교인 천안고등학교에 입학하였다.

고등학교 들어가면서 부터는 현실적인 생각을 하지 않을 수 없었다. 4남 1녀의 학비를 대느라 허덕이시는 부모님을 바라볼 때 더 이상 부모님께 부담을 드리는 것은 도리가 아니라고 생각했다. 그래서 생각한 것이 해양대학교나 사관학교에 가는 것이 좋겠다는 것이었다. 그런데 시력이 약했던 나로서는 사관학교도 합격을 장담할 수 없는 상황이었다.

그래서 대안으로 생각한 것이 의대를 가는 것이었다. 당시에는 "진학"이라는 대학입시관련 잡지가 있었는데 그 잡지를 보고 알게 된 사실은, 의대에 가서 졸업 후 군에서 10년 이상 복무하겠다는 약속을 하면 국가에서 4년 전액장학금을 지급하는 제도가 있다는 것이다.

다행히 내가 육사를 입학할 때부터 시력에 대한 기준이 완화되었고 나는 다행히 육사에 입학할 수 있게 되었다.

나는 스포츠든 취미든 모든 영역에서, 특출한 재능이라고 까지 말할 수는 없지만 남다른 수준의 감각을 가지고 있었다. 특히 우리 형제들은 달리기를 잘했고 나는 장거리 달리기를 잘해서 고등학교 때는 학교 대표로 충남도내 10Km 달리기 교련실기대회에 참가하기도 하였다. 군생활동안에도 모든 체육대회에서 해당 계급의 달리기 대표였고 축구, 테니스, 수영, 스케이트, 스키 등에 취미가 있었다.

그림 그리기나 음악에도 관심이 많은 편이었다. 군생활 동안에는 만화 교범을 제작하기도 하였고 국방부 실무자일때에는 네 컷 시사만화를 그려서 인기를 끈 적도 있다. 요리에도 관심이 많다. 붉은 감자 조림이나 보쌈, 닭볶음탕, 잔치국수 등은 나만의 레시피도 가지고 있다.

나는 유머와 위트, 해학을 좋아한다. 따뜻하고 품격 있는 유머, 논리와 반전이 가미된 위트를 사랑한다. 인간이 사회생활을 하면서 모든 대화를 사실(Fact)에만 기초한다면 인류의 삶이 얼마나 건조할까. 유머와 위트는 인간의 삶을 풍요롭게 하는 영양소가 아닐 수 없다.

내가 가장 멋지다고 생각하는 위트는 아일랜드 출신 극작가 오스카 와일드의 말이다.

- 나는 유혹을 빼고는 그 어떤 것도 거부 할 수 있다.

(I can resist anything except temptation)

J. 성공한 軍 생활의 비결은 헌신과 창의성

　나의 군생활은 여느 직업군인과 마찬가지로 야전근무와 정책부서 근무로 나뉜다. 야전부대에서의 생활은 일사분란하고 엄격한 군의 특성을 즐길 수 있어서 좋고 정책부서에서의 생활은 자유로움을 느낄 수 있어서 좋다.

　나는 사교성이 넘치거나 동료들과 어울려 지낸다거나 하는, 소위 활달한 성격은 아니었다. 독일유학을 다녀오다 보니 친분 있는 육사동기생들도 많지 않은 편이다. 나는 오직 가정 중심의 생활, 소속된 부대 중심의 생활, 그리고 교회 중심의 신앙생활이 전부였다.

　집에 오면 독서나 티비 시청, 요리 등 조용한 활동을 즐겨했다. 동료들 입장에서는 내 성격과 생활이 단조롭고 지루하다고 평가할 수도 있겠다.

　군생활 동안 내가 배우지 못한 것이 몇가지 있는데 첫째는 바둑이고 둘째는 기타치는 것과 포카 놀이 이다. 야전부대에서 보면 바둑에 심

취된 사람은 점심 식사후 바둑 한판 두자며 둘이 휴게실로 들어가서는 일과가 끝날 때까지 나오지 않는 상관들을 많이 보아 왔다. 그것을 보면서 바둑은 절대로 배우지 말아야겠다는 다짐을 했다. 고스톱과 포카도 마찬가지다.

軍생활동안 내가 만든 명언도 꽤 있는데 그 중에 하나가 "유능한 장교는 그 어떤 상관도 모실 수 있어야 하고 그 어떤 부하도 거느릴 줄 알아야 한다"는 말이다. 그 말은 곧 나에 대한 스스로의 평가이기도 하다. 나는 군생활 동안 내가 모신 모든 상관으로부터 인정을 받았고 부하로 부터는 존경을 받아 왔다고 자부한다.

그리고 그렇게 할 수 있었던 배경에는 평범한 것, 관습적으로 이루어지던 것에 익숙해지지 않고 항상 새로운 시각에서 창의적인 것을 추구하되 그것이 현실과의 거부감이 없는 수준이어야 한다는 원칙을 지켜 왔기 때문이다.

그리고 부하들에게는 공사를 엄격하게 구분하고 정확한 능력위주의 평가를 해주었다. 무엇보다도 박찬주 장군과 근무하면 마음이 편하고 보람이 있다는 공식을 만들어 주었다.

나는 소령 진급과 동시에 들어가게 되어 있는 육군대학에서 165명의 학생장교중 수석으로 졸업하였다. 거기에는 나만의 비결이 있었다.

육대의 평가는 토론평가와 필기평가로 나뉜다. 내 원칙은 "전술토의나 토론 시에는 항상 학교측 案과 다른 창의적인 안을 제시하고, 필기평가 시에는 항상 학교측 案에 근접하게 접근한다" 는 것이었다.

후배들이 육대를 가지 전에 나를 방문하여 조언을 구하면 나는 그 점을 강조하였는데 나의 조언을 받은 후배들 중 육대를 수석 으로 졸업한 장교들도 있었고 대부분 우등생으로 졸업하였다.

내가 제2작전사령관 시절 전속부관을 지내면서 3년 동안 나를 보좌했고, 나와 함께 군 검찰 수사를 받는 등 시련을 겪었던 김종갑 소령도 내 조언을 받고 육대를 수석으로 졸업하였으며 후에 동기생 중에서 1차로 중령에 진급하였다.

육군대학에서 학교측안은 대대로 전수되기 때문에 이미 학생들에게 잘 알려져 있다. 전술토의시에 학교측안과 다른 案을 제시하는 이유는 누구나 알고 있는 案을 제시해 봤자 크게 주목 받기는 어렵다. 그렇기 때문에 생뚱 맞더라도 새로운 창의적인 안을 제시하는게 평가에 유리하다.

반면에 필기평가는 공정성이 대두되기 때문에 원칙에 충실해야 한다. 교관들은 학교측안을 기준으로 벗어나지 않으려는 심리가 작용한다. 이 원칙만 유념을 해도 상대적으로 유리한 고지를 점령할 수 있다.

나는 또한 군인으로서 가장 중요한 요소라고 할 수 있는 사격술에 남다른 재능을 가지고 있었다. 권총으로부터 소총 및 기관총은 물론 전차포에 이르기까지 모든 화기에 대한 전문지식을 섭렵하는데 게을리 하지 않았다. 대위시절 독일고등군사반에 유학 갔을 때는 중대장 실습기간을 줄이고 사격교관과정을 신청하여 최우수장교로 수료하기도 했다.

나는 장군이 된 이후에도 지휘관으로 부임하게 되면 주기적으로 부대내 모든 화기의 실거리 사격을 직접 실시하였다. 부대가 야외로 출동하여 전차포 사격을 실시할 때는 늘 현장에서 전차병들과 함께 사통장치를 점검하며 주포의 고벽을 찾아주고 지도해 주었다.

최강화력 M1 개런드
7.62mm

역사상 최다생산된
소총

AK 47
칼라쉬니코프

가벼움의 미학
M1 카빈

K. 내가 좋아하는 역사적 인물 6인

누구든 그가 역사적으로 어떤 인물을 좋아하고 존경하는가를 보면 그의 성향을 짐작할 수 가 있다. 그런 차원에서 내가 좋아하는 역사적 인물 여섯 사람을 소개하고자 한다. 내가 존경하고 좋아하는 인물은 영국의 윈스턴 처칠 수상, 이순신 장군, 삼국지에 등장하는 제갈량, 독일제국의 비스마르크 수상, 사막의 여우 롬멜, 그리고 현대인물인 채명신 前 주월한국군사령관 등이다.

a. 윈스턴 처칠

오래 전에 장교로 군생활 하신분들은 기억 하실런지 모르겠다. 장교가 부대로 전입을 오게 되면 부대장 신고 전에 'A형 신원 진술서'를 써내야 한다. 그 진술서에는 '존경하는 인물쓰기' 란이 있는데, 국외에서는 누구를 존경하고 국내에서는 누구를 존경하는지를 구분하여 기록

하도록 되어있다.

나는 1~2년 주기로 보직이 바뀔 때마다 존경하는 인물 란에 국외는 처칠, 국내는 이순신이라고 썼던 기억이 난다. 사실 처칠은 내가 존경하는 인물이라기 보다는 좋아하는 인물이라 표현하는게 정확하다.

내가 그를 좋아하는 가장 큰 이유는 그가 어려움 속에서도 위트와 진심이 담긴 명연설로 국민들의 마음을 사로잡고 참전군인들에게 용기와 의지를 복 돋아 세계대전을 승리로 이끌었다는 점이다.

그는 1953년 노벨 문학상을 수상하였다. 주목할 것은 노벨평화상이 아니라 문학상을 받았다는 사실이다. 당시 그의 노벨문학상 경쟁자였던 헤밍웨이는 특별한 문학작품이 없는 처칠에게 문학상을 주는 것은 잘못됐다며 비판했다. 그러나 스웨덴 한림원은 처칠이 쓴 회고록 '제2차 세계대전'과 전쟁 중 그가 행한 수많은 연설이 인류에 감동을 주고 문학적 가치가 높다는 이유로 그 해 노벨문학상을 수여했고, 경쟁자 헤밍웨이는 그 다음해인 1954년에 노벨문학상을 받는다.

내가 처칠을 좋아하는 또 다른 이유는 나와의 몇가지 공통점이 있어서인데 좀 쑥스럽지만 적시해 보고자 한다.

처칠은 초등학교시절 미숙하여 몇차례 낙제를 거듭하다가 고등학교 때부터 역사와 문학에 재능을 보이기 시작했다고 한다. 샌드허스트 육군사관학교에 간신히 입학한 후 나중에는 우등생으로 졸업하였는데, 나도 초등학교 때 낙제하여 7년을 다녔지만 중고등학교에서 두각을 나타내어 육사에 입학하였던 점, 육사동기생 300명중 유일하게 한 명 선발되어 독일육사로 유학 가서 우등으로 졸업하였으니 이 또한 닮은 점이라 할 수 있겠다.

처칠은 1차 세계대전시 전차를 최초로 발명한 당사자인데 나는 현대 전차전의 전문가가 되었고, 처칠이 그림 그리는 취미가 있었던 점도 하나의 공통점이다.

처칠은 보어전쟁에서 적군의 포로가 되어 80여일간 수용소에 갇혀 있다가 탈출하여 국민적 영웅이 되었고, 이 인지도를 바탕으로 이듬해 정치에 입문하게 되었는데, 나는 정적인 문재인정부의 탄압을 받고 적국포로가 된 심정으로 85일간 지하영창에 수감되는 치욕을 겪었으니 이것도 가히 공통점이라 할 만하다.

1938년 영국수상 체임벌린은 독일 뮌헨에서 히틀러와 평화협정을 체결하고 런던으로 돌아와, 선언문을 흔들며 흥분하여 외쳤다. "국민 여러분! 저는 독일에서 '명예로운 평화'를 들고 왔습니다!"

이에 대해 처칠은 "체임벌린은 '불명예'와 '전쟁'을 함께 가지고 왔다" 며 대독일 전쟁에 대비한 군비증강을 주장하였는데 처칠의 예견대로 11개월의 짧은 평화는 1939년 독일의 폴란드침공과 뒤 이은 프랑스 침공으로 무너지고 제2차 세계대전의 서막이 오르게 된다.

히틀러의 무차별적인 런던공습으로 영국국민들은 위축되어 있었고 미국은 유럽전쟁에 참전하는 것을 원하지 않는 상황이었다. 처칠은 전쟁기간 동안 감동적인 라디오 방송을 통해서 불안에 떨던 영국민들에게 용기를 불어넣어 주었고 미국 역사상 유일하게 3선에 성공한 루스벨트 대통령과 미국국민들을 설득하여 미국으로 하여금 유럽 전쟁에 참전토록 하였다.

처칠은 그림에도 관심이 많았고 아마츄어의 수준을 뛰어넘는 화가이기도 했다. 처칠은 불독이라는 별명 답게 외형적으로 활기차고 정력적인 분위기와는 달리 실제로는 고독한 외톨이였다. 그의 미술작품은 인상파 풍의 풍경화로 유명했는데 2차 대전후에 여러나라에서 전시회를 열었고 아이젠하워의 주선으로 미국에서 회고전을 열기도 하였다.

처칠의 가장 큰 매력은 위트와 해학, 풍자에 능했다는 점이다. 그가 남긴 무수한 명언들은 현대에 이르러서 까지도 회자되면서 사랑받는다. 한 문장의 명언은 때로는 한시간 분량의 연설보다 더 전달력이 크다.

내가 생각하는 처칠의 명언중 압권은 그가 전황을 속이고 감춘다는 언론의 공격을 받았을 때 했던 말이다. "진실은 너무나 소중하기 때문에 거짓말로 보호하지 않을 수 없었다"

김대중 대통령이 재야시절 김영삼 대통령으로부터 거짓말쟁이라고 공격을 받았을 때 그는 이런 명언을 남긴 적도 있었다. "나는 거짓말 한 적이 없습니다. 다만 약속을 지키지 못했을 뿐입니다." 훌륭한 정치가는 명언을 많이 남겨야 한다고 생각한다.

처칠이 남긴 몇가지 명언 중 내가 좋아하는 구절을 소개하면 다음과 같다.

- 20세에 보수주의자가 되는 것은 무정한 것이고 60세에 진보주의자가 되는 것은 정말 어리석은 것이다.
- 개인적으로 나는 언제나 배울 준비가 되어 있지만 가르침을 받는 것을 좋아하는 것은 아니다.
- 성공이란 열정을 잃지 않고 실패를 거듭할 수 있는 능력이다.

- 연은 순풍이 아니라 역풍에서 가장 높이 난다.
- 민주주의는 지금까지 시도된 다른 통치체제를 제외하면 최악의 통치체제이다. (최선이라는 뜻…)
- 우리는 받아서 생활을 꾸려 나가고 주면서 인생을 꾸며 나간다.
- 비관론자는 모든 기회에서 어려움을 찾아내고 낙관론자는 모든 어려움에서 기회를 찾아낸다.
- 나는 정치인은 그가 정적들 사이에서 일으키는 반감으로 평가된다고 언제나 느껴왔다.
- 자본주의의 고질적인 폐해는 풍요의 불평등한 분배이고 사회주의의 태생적 미덕은 가난의 평등한 분배이다.
- 전통을 사랑하는 마음이 국가를 약하게 만든 적은 없었으며 오히려 어려운 시기에 국가를 강하게 만든다. 그러나 새로운 시각은 반드시 등장해야 하고 세계는 진보해야 한다.
- 정치인은 내일, 내주, 내달, 내년에 무슨 일이 일어날 것인지 예측할 수 있는 능력이 필요하다. 그리고 그 능력을 갖춘 후에는 왜 그런 일이 일어나지 않았는지 설명할 수 있어야 한다.

2002년 영국의 BBC가 영국인 1백만 명을 대상으로 조사한 위대한 영국인 여론조사에서 처칠은 셰익스피어를 제치고 1위를 차지 했다.

b. 이순신 장군

한 때 軍에서는 이순신 장군이 과연 육군인가 아니면 해군인가 때문에 말 들이 오간 적 있었다. 육군에서는 이순신 장군이 육군이라 하고 해군은 당연히 해군이라 하면서 이순신 장군이라 부르지 않고 이순신 제독이라고 부른다. 이순신 장군이 육군이어야 할 근거도 많고 해군이어야 할 근거도 많다.

하지만 결론이 나지 않다가 이순신 장군은 해병대 인 것으로 정리되었다. 해병에서 제시한 근거는 단 하나, 이순신 장군의 영정사진을 보면 신고 있는 신발이 해병대와 같은 쩨무 가죽이라는 것이다. 육군으로 결론내기도 그렇고 해군으로 결론내기도 그런 상황에서 해병대로 결론이 난 것이다.

내가 이순신 장군을 처음 만난 것은 초등학교 시절이다. 초등학교 시절 나는 내가 다니던 천안의 환서 초등학교에서 아산 현충사까지 걸어서 소풍을 갔다. 최근에 그 거리를 도상으로 측정해 보니 9.8km였다. 오전 9시에 운동장에 모여 출발하면 점심때쯤 현충사에 도착해서 경내를 한바퀴 돈 후 김밥을 먹고 다시 학교로 출발했다. 오후 서너시쯤 초등학교에 복귀하면 해산하고 다시 십리길을 걸어 집에 도착했다.

현충사에서 만난 이순신 장군은 정말 대단한 분이셨다. 왜구를 무찌르고 나라를 구한 훌륭한 분이라는 것을 알게 되었다. 전시되어 있는 긴 칼은 압도적이었다. 그 칼을 한번 휘두르면 수많은 왜구들의 목이 떨어져 나가고 신출귀몰한 능력을 발휘하는 전지전능한 분으로 받아들여졌다. 어쩌면 인간과 신의 사이에 존재하는 분일지 모른다는 생각이 들었다.

그러나 점차 성장하면서 이런 성웅화된 이순신장군의 모습은 호기심을 잃게 만들었다. 인간의 한계가 있는데 너무 과장된 것 아닌가 하는 사춘기 저항심이 발동한 것이다. 마치 김일성이 솔방울로 폭탄을 만들고 바람을 일으켜 일본군을 전멸시켰다는 얘기와 다르지 않다는 생각이었다.

그 뒤로는 이순신 장군을 잊고 있다가 소령시절 경남 진해에 있는 육군대학을 다니면서 다시금 이순신 장군을 만나게 되었다. 근처에 있는 해군대학에서 이순신 장군에 대한 서적을 빌려다가 열독을 했는데 마치 뒤통수를 세게 얻어 맞은 듯한 충격을 받게 되었다. 이순신 장군은 보통 사람이었고 결함도 많은 분이었으며 특별한 재능을 가지고 태어난 분도 아니었다. 그런 그가 해전에서 연전연승을 거두고 패배한 적이 없었던 것은 사실이었으며 글에도 능하여 난중일기와 시조 등의 뛰어난 작품을 남겼고 특히 진중에서 읊은 시조들은 우국충정이 담긴 걸작품으로 꼽히고 있었다.

이순신 장군이 초인간의 영역에서 평범한 인간의 영역으로 자리매김하면서 오히려 나에게는 존경심이 생겨났다. 이순신의 할아버지 이백록이 조광조 등 지치주의(至治主義)를 주장하던 소장파 사림들과 뜻을 같이 하다가 기묘사화의 참화를 당한 뒤로, 아버지 이정도 관직에 몸을 담지 않았던 만큼 이순신이 태어날 즈음에 가세는 많이 기울어져 있었다.

이순신은 4형제의 3남인데 사대부가의 전통인 충효와 문학에 뛰어났음에도 28세라는 늦은 나이에 문과가 아닌 무인 선발시험에 응시한다. 이러한 진로는 당시 시대상황을 고려했을 때 장래가 촉망되는 길을 걸었다고 보기는 어렵다. 더구나 28살의 늦은 나이에 훈련원 별과 시험에 응시했다가 낙과하였고 32살에 다시 식년무과에 도전하여 합격하였으니 20세부터 그 오랜 기간 얼마나 힘든 시간을 보냈겠는가. 장성한 아들이 출세를 못하고 삼십이 넘도록 집구석에 있는 모습을 보는 부모의 마음은 또 어떠했겠는가.

이순신과 같은 동네에 살았던 유성룡이 쓴 징비록에는 이순신의 어린 시절에 대해 다음과 같이 묘사하는 내용이 나온다. "이순신은 기풍이 있었으며 남에게 구속을 받으려 하지 않았다…화살을 만들어 전쟁놀이를 하였으며 자기 뜻에 맞지 않는 자가 있으면 그 눈을 쏘려 하여 어른들도 꺼려하고 감히 이순신의 문 앞을 지나려 하지 않았다." 이 내용을 보면 어린시절 이순신은 결코 착한 아이는 아니었던 것으로 보인다. 남의 눈을 쏘려 하다니…

이순신 장군은 육군에서 적응하지 못하고 해군으로 가서 성공한 케이스다. 1576년, 서른두살에 비로소 장교가 되어 공직에 발을 들여 놓은 이순신의 육군생활은 결코 순탄치 않았다. 처음에는 권지훈련원 봉사로 관직을 시작했고 이어서 함경도의 동구비보권관, 이듬해에 발포수군만호를 역임했고 1583년 건원보권관, 훈련원참군을 거쳐 1586년 마흔두살에 사복시주보가 되었다. 사복시주보에 이어 조산보만호겸 녹둔도 둔전관이 되었는데 이때 첫번째 백의종군을 하게 된다.

녹둔도는 두만강 하구 유역에 있는 지역으로 여진족과 대치하던 곳이다. 당시 군병력은 목책으로 설치된 군영 안에서 농사를 짓는 백성들과 함께 기거하였으며 백성들은 낮에는 들에 나가 농사를 짓고 밤에는 안전한 진영에 들어와서 잠을 자는 생활이었다. 어느 날 이순신은 군병력들을 동원하여 농사를 돕도록 했는데 이를 간파한 여진족들이 경비가 소홀한 군영을 기습하였던 것이다. 군영에 남아있던 병사 11명이 살해되고 병사와 민간인 등 106명이 포로로 잡혀갔으며 15필의 말이 나포되었다. 이를 뒤늦게 안 이순신과 직속상관인 경흥부사 이경록이 적을 추적하여 잡혀간 60명을 구출하였으나 사태는 이미 심각해진 이후였다.

이에 함경도 일대를 관할하던 북병사 이일은 400기의 기마병을 투입하여 여진족을 급습, 33명을 죽였고, 이어서 회령부사 변언수, 온성부사 양대수, 부령부사 이지시를 장령으로 삼아 2천명의 대군을 투입하여 여진족 380명을 참살하는 보복작전이 시행되었다.

이순신이 경계에 소홀하여 막대한 피해를 입은 것은 조정으로서도 묵과하기는 어려웠을 것으로 보인다. 이렇듯 이순신은 실책도 있었고 과오도 있었다. 그러나 이러한 이순신이 다시 살아남아서 절치부심 했기 때문에 후에 나라를 구할 수 있었고 영웅이 될 수 있었던 것이다. 나는 이순신 장군이 이런 실패를 딛고 일어나 군인으로서 역사에 남을 전공을 세웠기 때문에 더욱 존경하게 되었다.

이순신은 백의종군 후 전라관찰사 이광에게 발탁되어 선전관이 되었다가 유성룡의 도움으로 정읍현감, 진도군수 등을 지낸 후 47세 되던 해에 전라좌도 수군절도사가 되어 임진왜란을 맞게 된다. 전라좌도라 함은 조정인 한양에서 남쪽을 바라봤을 때 전라도의 왼쪽을 말한다. 즉 여수지역이 전라좌도이고 목포가 전라우도 지역이다. 경상도도 마찬가지다.

흔히 이순신 장군이 해전에서 23전 23승 전승을 했다고 표현한다. 그게 사실일까. 놀라운 것은 이 믿기 어려운 얘기가 사실이라는 점이다. 이 전적은 인류 역사상 찾아 볼 수 없는 성과에 해당한다. 그것은 이순신만의 전략전술과 무기체계, 용병술이 있었기 때문에 가능한 일이었다. 그래서 이순신이 군인으로서 위대한 것이다.

이순신 장군의 경이적인 성과에는 여러가지 요인이 있지만 그 중 내가 중요시 하는 것은 엄정한 규율, 그리고 전장에 맞는 무기체계의 발전이다. 세계최초의 철갑선으로 알려진 거북선은 애당초 조선 해군의 판옥선에 뚜껑을 덮은 것인데 이것은 근접전에 능한 일본군이 조선전선에 올라타는 것을 방지하기 위한 대책에서 출발한 것이다.

이순신의 성과에는 숨은 수훈자가 있다. 그것은 화포였다. 일본군은 조총을 보유하고 있었지만 배를 격파 시킬 만큼의 무기체계는 미약하였다. 반면에 이순신은 천지현황, 즉 천자포, 지자포, 현자포, 황자포 등 각종 화포를 구비하고 엄청난 양의 염초(화약Gun Powder)를 비축하였으며 다양한 포탄을 개발했다. 판옥선 2층의 화포실에는 양옆에 6문씩 화포를 배치하였는데 밀집된 적의 선단에 돌진하여 화포로 공격하면 일본전선은 속수무책으로 격파되었다. 이순신 장군이 "신에게는 아직도 12척의 배가 남아 있습니다" 라고 말할 수 있었던 데는 믿을 만한 구석이 있었기 때문이다.

나는 이순신 장군이 나라를 구했다는 이유만으로 존경하는 것이 아니다. 이순신이 어려움을 딛고 본인 만의 재능을 극대화하여 전쟁사에 길이 빛날 신화를 남겼기 때문에 군인으로서 존경하는 것이다. 더구나 패튼 장군이 말한 것처럼 이순신은 마지막 전투에서 마지막 총알에 전사함으로써 직업군인으로서는 가장 행복한 군인이기도 하였다. 만약 이순신장군이 마지막 전투에서 전사하지 않고 살아남았다면 그를 시기 질투하는 조정내부의 견제와 알력으로 전쟁 때 보다도 더 힘든 노후를 보내게 되고 그의 명성도 훼손 되었을 가능성을 배제할가 수 없다.

c. 역사상 최고의 지략가 제갈량

중국 삼국시대의 주인공은 촉나라의 유비, 위나라의 조조, 오나라의 손권 이지만 그 세명의 주연을 능가하는 조연은 제갈량이다. 제갈량은 정치가이면서 전략가요 전술에 능한 사람이었다. 심리전의 대가였으며 미래를 예측할 수 있는 혜안을 가지고 있었다. 내가 그를 좋아하는 이유는 그의 다재다능한 점 때문이 아니라 그는 항상 머리를 써서 이길 준비를 갖추어 놓고 싸움을 시작했다는 점이다.

특히 그가 나에게 매력을 준 것은 그는 매복의 천재였다는 점이다. 현대전에서도 가장 확실한 승리의 방법은 "유인격멸"이다. 적이 어떤 특정한 행동을 하도록 유도한 후 결정적 시기와 장소에서 적을 일거에 격멸하는 방법이다.

더구나 제갈량은 자신의 방책이 뜻대로 안되었을 때에 대비한 우발계획을 준비할 줄도 알았다. 그렇기 때문에 다소 멍청한 적장보다는 나름 똑똑한 적장들이 손쉽게 제갈량의 제물이 되었다는 점이 매력적이다. 삼국지에서 가장 돋보이는 장면은 머리가 비상한 조조가 제갈량에게 당하는 모습이다. 적벽대전에서 조조가 대패한 것도 따지고 보면 제갈량의 책략 덕분이 아니던가.

내가 독일사관학교에 유학 갔을 때 어느 동기생이 지나가는 말로 나에게 "주커량을 아느냐"고 물은 적이 있었는데 나는 처음 들어보는 이름이라서 모른다고 했었다. 그 동기생은 갸우뚱하면서 실망스러운 듯한 표정이었는데 아마도 주커량이 중국사람이라서 한국사람은 잘 모르는 모양이다 라고 생각했으리라…

그런데 몇 해가 지난 후 우연한 기회에 제갈량의 중국식 발음이 주커량인 것을 알게 되었다. 내가 좋아하는 그 제갈량을 모른다고 한 것이 너무나 아쉬웠다. 그 순간 나에게 주커량을 아느냐고 물어본 동기생이 떠올랐고 진작에 알았으면 아는 척 좀 해 줄 것을 하는 아쉬움이 지금까지도 남아 있다.

d. 냉철한 현실주의자 철혈재상 비스마르크(Otto von Bismarck)

독일은 중세 이래로 신성로마제국이라는 이름 아래 서유럽에서 가장 큰 영토를 차지하고는 있었으나 사실은 크고 작은 연방국가의 느슨한 연합체에 지나지 않았다. 19세기에 이르러 나폴레옹의 등장과 함께 신성로마제국은 무너졌지만 독일은 여전히 통일 국가를 형성하지 못하고 있었다.

〈철혈재상 비스마르크〉

이때 독일 북방 프로이센이라는 공국에서 독일통일의 출발을 알리게 된다. 1861년 빌헬름 1세가 프로이센 왕위에 오르고 비스마르크가 수상이 되었으며 몰트케가 참모총장이 되면서 프로이센은 군비를 확장하고 통일국가의 기틀을 다지게 된다.

빌헬름 1세가 군비확장문제로 의회와 대립하고 있을 때 비스마르크는 의회에 출석하여 저 유명한 鐵血 연설을 남겼다.

"독일이 기대하고 있는 것은 프로이센의 자유가 아니라 실력입니다. 우리의 문제는 다수결이 아니라 쇠(鐵)와 피(血)에 의해서만 해결할 수 있습니다."

수상에 취임한 비스마르크는 즉시 군대개혁을 단행하고 개전에 앞서 뛰어난 외교수완을 발휘하여 외교적 정지작업을 하였으며 참모총장 몰트케의 탁월한 작전에 의해 독일 각 연방국을 병합하였다. 1866년 오스트리아와의 전쟁을 승리로 이끌었으며 1870년 프랑스와의 전쟁에서 승리하여 마침내 서유럽의 패권을 차지하게 되었다. 파리 입성에 앞서 1871년 1월 18일 베르사이유 궁전에서 프로이센 왕 빌헬름 1세가 독일제국의 세습황제로 취임하였고 이로써 19세기 최대현안 이었던 독일 통일이 완성된 것이다.

이와 같이 동일한 언어와 동일한 생활습관으로 살아가는 사람들이 통일된 국가를 이루려 하는 것을 가리켜 '내셔널리즘'이라 불렀고 독일통일 이후로 이 내셔널리즘은 세계 각지에 큰 영향을 주었으며 조선 말 대한제국의 출범에도 영향을 미쳤다. 독일의 통일은 군주와 외교, 군사전문가가 조화를 이루어 역사를 만든 좋은 예가 아닐 수 없다.

역사는 늘 같은 교훈을 전달하는 것 같다. 힘이 뒷받침 되어야 한다는 것, 감상주의에 빠져서는 안된다는 것, 지금 편하자고 미래를 희생해서는 안된다는 것, 훌륭한 지도자가 등장해야 한다는 것 등이다.

오토 폰 비스마르크는 1815년 프로이센 왕국 쉰하우젠에서 귀족 집안의 아들로 태어났다. 괴팅엔 대학에 진학하였으나 매일 술과 주먹으로 지내며 걸핏하면 당시 유행했던 결투를 하자고 난동을 부려 학교

구치소에 여러 차례 구금되기도 했다. 괴팅엔 대학을 자퇴하고 베를린 대학으로 편입해 들어 갔으나 공부에 대한 열정은 없었고 유럽 각국의 언어와 고전에 심취하였다. 이후 오토는 법관이 되기 위해 시험을 쳐서 법원서기가 되었으나 1년 정도 지나 사직하였다.

그 후 외교관 시험에 합격해 외교관이 되었으나 적응하지 못했고 빚에 허덕이다가 도피성으로 육군에 기병 소위로 입대한다. 그러나 군대에서도 적응하지 못하여 1년 만에 강제 전역된 후 뒤늦게 농사를 배우겠다며 농업학교에 다녔다. 농사에서는 최신기술로 만든 비료를 개발하고 사탕수수 재배에 성공하면서 돈을 벌었다.

성공한 지주가 된 비스마르크는 막 수립된 연방 의회에서 보궐선거가 있자 출마하여 공직을 걷게 되었고 1851년부터 외교관으로 복귀하여 독일연방의회의 외교관으로 활약하게 된다. 프리드리히 빌헬름 4세가 죽고 빌헬름 왕세자가 즉위한 후 전격적으로 프로이센 수상에 임명되었다.

독일은 제2차 세계대전시 새로운 전함을 건조 하면서 비스마르크란 이름을 붙였다. 비스마르크호는 1940년 8월24일 취역하여 독일 최대 전함이란 영광을 누렸으나 1941년 5월27일 영국 해군에 의해 격침되는 비운의 전함이 되었다.

1941년 5월 24일에 있었던 덴마크 해협전투에서 전함 비스마르크는 영국의 자랑이었던 전투순양함 후드를 격침시키고 전함 프린스 오브 웨일즈를 격파하였다. 이에 화가 난 영국 해군과 공군은 각종 전투함과 항공기를 총 동원하여 비스마르크 전함을 집요하게 추적하였고 5월26일 저녁부터 프랑스 서쪽 바다에서 서서히 기울기 시작, 다음날 아침 침몰하였다.

e. 사막의 여우 롬멜

롬멜은 1891년 교사였던 아버지
와 명문가문 출신 어머니 사이에서
둘째 아들로 태어났다. 1910년 당
시 18살의 롬멜은 왕실 보병사관후
보생이 되었고 이듬해 3월부터는 단
찌히 군사학교를 다닌 후 이듬해 장
교가 되었다.

〈사막의 여우 롬멜〉

제1차 세계대전 당시 롬멜은 프랑
스 전선과 루마니아, 이탈리아 전선
에서 싸웠는데 그는 상황변화에 신
속히 대처하여 전장의 호기를 이용할 수 있는 탁월한 능력이 있었다.
1917년 10월 롬멜은 마타주르 고지에서 이탈리아 군에 대승을 거두
면서 프로이센 최고 훈장 '푸어 르 메리테' 훈장을 받았다.

1920년 대에는 보병연대 참모로 8년을 보냈고 1929년에는 드레스
덴 보병학교 교관생활을 했다. 롬멜은 이때 1차 세계대전 경험을 기초
로 유명한 "롬멜의 보병전술"이라는 저서를 발간했는데 이 책은 오늘
날 전세계 장교들의 필독도서로 꼽힌다.

1933년 10월 롬멜은 17보병연대 3대대장이 되었고 그 후 고속 승
진하여 2차 세계대전이 발발한 1939년에는 소장으로 진급, 히틀러의
총통지휘본부에서 능력을 발휘한다.

1940년 독일은 전격적으로 프랑스를 침공했다. 프랑스는 독불국경
에 튼튼한 마지노선을 구축하고 대비하였는데 롬멜은 전차사단을 이
끌고 아르덴 지역을 돌파하여 3일만에 뫼즈강을 건넜다. 프랑스에

서는 독일군이 뫼즈강을 극복하는데만 적어도 일주일이 걸릴 것으로 예상하였으나 독일의 전격전(Blitz Krieg) 속도는 전광석화와 같았다. 1차 세계대전시 4년 동안 천만명의 인명손실로도 달성할 수 없었던 프랑스 정복이 불과 몇 주 만에 2만여명의 피해로 달성한 것이다. 이 전격전의 성과는 군사적 관점에서 볼 때 인류의 전쟁역사에서 가장 극적인, 인간의 지성과 통찰, '꾸데이'가 작동한 성과였다.

1941년 2월 롬멜은 중장으로 진급하여 아프리카 군단장에 임명되었으며 독일군과 이탈리아 연합군을 지휘하여 영국군과 일전을 치뤘다. 아프리카 전선은 롬멜이라는 명장에게 아주 적합한 전장이었다. 단일 전구(Theater)에서 독자적인 작전권을 가지고 있었기 때문이다. 누구의 간섭 없이 종횡무진하면서 전장을 지배한 롬멜은 아군은 물론 적군으로부터 존경을 받는 신화적 존재로 등극한다. 포로들에게 따뜻했으며 궁지에 몰린 적에게는 생각할 시간을 주었다. 전장에서도 인간의 존엄성을 훼손하지 않도록 각별히 노력했다.

독일전역에서 존경과 감사의 위문편지가 아프리카에 있는 롬멜에게 쇄도하였다. 이듬해인 1942년 1월 롬멜은 독일군 대장이 되었다. 당시 영국의 수상 처칠은 의회연설에서 롬멜에 대해 다음과 같이 말했다. " 이 전쟁의 참상과 상관없이 개인적 평가를 해도 된다면 나는 그를 위대한 장군이라 말하고 싶습니다"

1942년 6월 롬멜은 비르하차임을 점령하고 영국군 제 8군을 패퇴시켰으며 6월 20일에 토브룩 요새를 함락시켰다. 토브룩 함락 이틀 후 히틀러는 롬멜을 육군원수로 임명했다.

히틀러는 더 많은 전차와 보급품을 보내 달라는 롬멜의 건의를 무시하였다. 표면상의 이유는 "롬멜은 지금까지 항상 부족한 전투력으로 승리를 가져왔기 때문에 그 전통을 지켜 줘야 한다"는 것이었다.

세계적으로 기갑병과에서 가장 존경받는 인물로는 미국의 패튼과 독일의 롬멜을 꼽는다. 롬멜의 전략과 전술, 패튼의 과감성과 돌파력은 기갑정신을 포괄하는 특성이다. 그럼에도 불구하고 패튼이 롬멜과 비교될 수 없는 이유는 "패튼은 한번도 부족한 전투력으로 싸운 적이 없고 롬멜은 한번도 여유 있는 전투력으로 싸운 적이 없다"는 점이다.

롬멜이 나치의 집단수용소와 학살행위에 대해 알게 된 것은 1943년 말 경으로 추정된다. 1944년 6월 해군사령관 루게는 롬멜이 한 말을 자기 일기장에 다음과 같이 기록해 놓았다. "국가의 기본 토대는 정의여야 한다. 유감스럽게도 저 위에 있는 지도부는 깨끗하지 못하다. 학살행위는 커다란 범죄다"

롬멜의 고향지역인 슈투트가르트 시의 시장 칼 슈트렐린은 회고록에서 다음과 같이 전언하고 있다. "롬멜은 제국을 구하기 위해서는 롬멜 자신이 나서야 한다는 사실에 확신을 가졌으며, 총통에게 전쟁을 종식시킬 필요성에 대해 직언하겠다고 한다. 그래도 히틀러가 이성을 찾지 못한다면 독립적으로 행동하겠다고 했다"

롬멜의 의도를 간파한 히틀러는 롬멜을 죽이기로 결심하고 실행에 옮겼다.

1944년 10월 14일 롬멜의 집을 12명의 게슈타포가 둘러쌌다. 롬멜에게 주어진 선택은 자살 아니면 특별 재판이었다. 롬멜은 자결을 선택했다.

롬멜이 전속부관에게 말했다. "난 여전히 권총을 잘 다루지 못한다네." 집에서 500미터 떨어진 작은 숲, 검정색 메르세데스 차안에서 롬멜은 청산가리를 삼켰고 차는 곧 바로 울름의 군병원으로 옮겨졌다. 히틀러는 독일국민들이 롬멜을 존경한다는 점을 의식하고 성대하게 장례를 치루도록 조치 하였다.

공식 사인은 '서부전선에서 전투 중 입은 부상 악화로 인한 심장마비' 였다.

10월 18일 울름시청에서 국장으로 치뤄진 장례식에서 롬멜의 상관이었던 육군원수 케르트 폰 룬트슈테트는 서두에 이렇게 말했다.

"지치지 않는 불굴의 전사는 국가사회주의(NaZi)的 이념으로 충만해 있었으며 그것은 그에게 힘의 원천이었고 행동의 기본이었다. 그의 마음은 늘 총통을 향해 있었다"

롬멜은 내가 존경하는 역사적 인물 중 유일하게 결점을 발견할 수 없는 인물이었다.

f. 주월 한국군 사령관 채명신 장군

채명신 장군은 1926년 황해도 곡산출신이다. 항일운동가 아버지와 독실한 크리스찬 어머니 사이에서 태어난 그는 모태 신앙인으로 성장하였다. 평양사범학교를 졸업하고 교편을 잡았으나1947년 월남하여 육군사관학교의 전신인 조선경비사관학교 제 5기로 졸업하였고 한국전쟁시 백골병단을 지휘하였으며 휴전 후에는 박정희장군을 만나 5.16

〈채명신 장군〉

에 가담하였다.

혁명5인위원회와 국가재건최고회의에 참여했다가 맹호사단장 겸 주월 한국군사령관을 역임하였으며 유신개헌에 반대했다가 예편 당한 후 해외에서 외교관으로 활약했다.

내가 채명신 장군과 가까이서 자세한 대화를 나눈 것은 2008년 여름, 내가 국방장관 군사보좌관 시절(준장)이다. 정확한 날짜를 기억할 수는 없으나 어느 휴일 날 후암동에 위치한 장군의 저택을 방문하였다. 큰 키에 야위신 모습으로 하얀 런닝 셔츠를 입고 계셨는데 내가 월남전에 관해 궁금증을 나타냈더니 많은 말씀을 해 주셨다. 세시간 정도 꽤 오랜 시간 대화를 나누게 되었다.

내가 채명신 장군을 특별히 존경하는 이유는 월남이라는 특수한 환경에 적합한 전술개념을 적용하여 전장을 지배하고 한국군의 자긍심을 전세계에 알렸기 때문이다.

월남전은 초기에는 북베트남의 지원을 받는 남베트남민족해방전선(베트콩)과 남베트남 정부 사이의 내전이라는 성격을 띠었으나 1964년 8월7일 미국의 구축함이 북베트남의 어뢰공격을 받았다는 소위 통킹만 사건을 구실로 북베트남을 폭격한 뒤에 전쟁은 북베트남과의 전면전으로 확대되었다. 그리고 미소간 냉전체제하에서 한국, 태국, 필리핀, 호주,뉴질랜드, 중국 등이 참전한 국제전쟁으로 비화되었다.

한국은 미국 다음으로 많은 병력을 베트남 전쟁에 파병한 국가이다. 1964년 의무요원과 태권도 교관요원을 파견한후 1965년부터 73년 철군할 때 까지 8년 5개월 동안 베트남전에 참전한 인원은 32만명에 이른다.

맹호사단장 겸 주월 한국군 사령관 채명신 장군이 월남에 파병된 후 첫번째 조치사항은 주월 연합군사령관 미국의 웨스트 모얼랜드 대장을 만나 한국군의 독자적인 작전권 행사를 위임 받고 맹호부대의 광활한 책임지역안에 수 많은 중대전술기지를 구축하는 것이었다.

베트남전에서 한국군은 기본전술 단위부대인 대대보다 작은 중대 단위로 사주방어가 가능한 진지를 구축하였는데 이를 중대전술기지라 부른다. 중대전술기지는 지름이 불과 150~300m에 불과한 원형구조의 陣地에 불과하다. 중심에는 관망대와 헬기장이 배치되었고 외곽에는 散兵壕와 철조망, 지뢰지대가 설치되어 있으며 이들 사이에는 교통호를 통해 거미줄 처럼 연결되어 있었다. 중대전술기지는 사주 방어가 가능했고 3일분의 식량과 탄약을 비축하였으며 아군포병의 지원사격이 가능하여 화력의 보호를 받을 수 있었다.

반면에 미군들은 연대규모의 광활한 주둔지 위에 대규모 병영시설을 구축하고 포병과 헬기전력까지 배치한 후 장갑차나 헬기를 이용하여 기지를 드나들면서 작전을 수행하는 시스템이었다. 채명신 장군의 중대전술기지에 대해 미측의 우려는 컸었다고 한다. 적이 마음 먹고 집중적으로 한국군의 중대전술기지를 공격하게 되면 고립된 후 전멸될 수 있다는 것이고 외부로부터 지원을 받는 것도 용이하지 않다는 판단에서다. 미군들은 한국군의 중대급 전술기지가 언젠가는 적에게 유린되는 참사가 있을 것이라고 우려스런 눈빛으로 바라보고 있었다..

중대전술기지 개념의 1차적 성공은 완벽한 사주방어로 적이 쉽게 넘볼수 없게 하는 것이고 2차적 성공은 기지를 중심으로 기지 밖에서의 수색과 매복, 각종 방해물과 부비츄렙의 설치, 대민지원과 민사심리전을 전개하여 양민과 베트콩을 분리시키는 한편, 베트콩이 섬멸되면 지역평정을 완수하는 것이다.

한국군 책임지역내에 이렇게 수많은 중대전술기지가 구축되고 기지 밖에서는 매복작전이 실시되다 보니 베트콩들은 시간이 흐를수록 피해가 속출하고 행동의 자유가 제한될 수 밖에 없었다. 베트콩이나 월맹군(북베트남군) 입장에서는 한국군의 중대전술기지가 마치 눈에 가시처럼 성가시고 괴로운 존재가 되었다.

조그맣고 우습게 보였던 중대전술기지가 자기들의 작전에 엄청난 장애를 주자 북베트남은 정규군을 동원하여 작심하고 중대전술기지를 궤멸시키려 하였다. 본때를 보여서 한국군의 기를 죽이겠다는 것이다. 월맹군은 대규모 정규군 부대로 한국군의 중대전술기지를 공격했으나 오히려 월맹군이 대량피해를 입고 굴복하게 되었는데 그 전투가 바로 유명한 두코 전투와 짜빈동 전투이다.

두코 전투는 1966년 7월 한국군 맹호부대 제1기갑연대 제3대대 제9중대가 북베트남군 제308사단 제88연대 예하 2개대대의 야간 기습공격을 받고 적을 격퇴한 전투로서 야간 22시부터 다음날 새벽 4시 30분까지 약 6시간에 걸친 혈전이었다. 이 교전에서 적은 포로 6명과 174구의 시체를 남기고 후퇴했고 아군 7명이 전사하였다. 다음날 웨스트 모얼랜드 주월연합군사령관이 (정식명칭은 '동남아국제연합군사령관'이다) 전투현장을 방문하였고 한국군 장병들의 경이적인 전과에 감탄할 수 밖에 없었다. 한국군을 한 수 아래로 여겼던 미군들의 시선은 이 때부터 달라지기 시작했다.

짜빈동전투는1967년 2월 해병 제2연대(청룡부대) 3대대 11중대가 추라이 지구의 짜빈동에서 북베트남군 제2사단 1연대 제60대대와 21연대 제40대대 그리고 쾅나이성 유격 1개대대 등 2400명의 공격을 받고 이긴 전투다. 4시간 동안의 혈투 끝에 제11중대는 적 확인사살

243명, 추정사살 60여명의 전과를 올렸으며 아군은 15명이 전사하는 희생을 치렀다.

이 두 전투를 통하여 한국군의 위상이 드러나고 중대전술기지의 효과는 입증되었다. 한국군은 월남전 기간 7000평방키로에 달하는 책임지역을 평정하고 난민 120만명에 대한 거주를 정착시켰다. 이것은 채명신 사령관이 세계의 군대역사에 남긴 크나큰 업적이다.

1979년 내가 독일 하노버 사관학교 다닐 때 한 분의 독일 대령이 나를 찾아온 적이 있었다. 그 분은 중령시절 3년동안 NATO군 소속으로 미군들과 함께 월남전에 전쟁참관단으로 있었고 월남전의 모든 참전국 군인들의 전투를 참관하고 분석하였다 한다. 그래서 월남전에 관한한 독일군이 가장 많은 자료를 가지고 있다고 하였다. 그러면서 본인이 맹호부대에서 본 인상 깊은 장면을 설명하면서 그 어느 군대도 맹호부대를 능가하지는 못했다는 것이다. 그는 열렬한 맹호부대 예찬론자 였다.

채명신 사령관은 2013년 87세의 나이로 작고했으며 유언에 따라 국립묘지 장군묘역이 아닌 사병묘역에 월남전에서 전사한 전우들 곁에 안장되었다.

내가 2015년 9월 대구에 있는 제2작전사령관으로 부임해 보니 놀라웁게도 채명신 사령관님이 월남 파병후 귀국하면서 제2작전사령관(그 때 당시에는 2군사령부로 불리움)으로 재직 했었다는 사실을 알게 되었다.

나는 사령부 회의실 이름을 채명신 장군실로 명명하고 장군의 초상화를 게시함과 동시에 두고 전투와 짜빈동 전투 사례를 벽에 걸어 놓음으로써 그 분의 명예를 기리도록 하였다.

g. 내가 존경하는 역사적 인물 6인외에 특별히 조선중기 문인출신의 무인 박엽 장군에 대한 글을 추가하고자 한다. 다음은 KBS 에서 오랜 기간 근무한 전기작가 이동식 선생이 집필한 '박엽 평전'에 대한 나의 추천사 내용이다.

〈제목 : 400년을 뛰어 넘은 박엽 장군과의 만남〉

역사에 족적을 남긴 인물, 특히 무인들에 대한 역사적 평가는 그가 어디서 어떻게 죽느냐에 좌우되는 경우가 많다.

만약 이순신 장군이 일본과의 마지막 전투인 노량 해전에서 전사하지 않고 살아 남았다면 그의 공적을 시샘하는 붕당 정치세력들의 모함에 의해 지금과는 또 다른 역사적 평가를 남겼을지도 모른다.

10년 동안 평안감사를 지내며 북방의 안보를 책임지던 약창공 박엽 장군은 인조반정 세력에 의해 처형됐다. 그 동안 광해군의 신임을 받았고 무력을 가지고 있는 박엽 장군이 반정세력에게는 위협적인 존재였을 것이고 가장 먼저 제거해야 할 대상이었음은 어느 정도 짐작이 되는 일이다. 그러나 문제는 급하게 처형한 명분에 있다. 재물을 축적하고 잔혹하며 향락에 빠져 학정을 일삼았다는 것인데 온갖 비리 혐의를 붙이고 악행을 만들어서 그야 말로 인격살인을 병행한 셈이다. 약창공은 본인의 처형혐의도 알지 못한 채 죽었다. 무인의 신체는 물론 정신까지도 말살시키고 그것을 합리화 하기 위해 온갖 기록으로 남기게 한 것이다.

이동식 선생님이 쓴 박엽 평전은 이러한 문제 의식과 궁금증에서 출발한다.

그러면서도 단순히 박엽 장군의 억울한 죄상은 없는지 살펴 보자는데에 머무르는 것이 아니라 박엽이 처형된 후 급격히 약화된 북방안보, 그리고 조선이 당한 두차례의 참혹하고 치욕적인 호란을 보면서 상호 인과관계를 들여다 보고 교훈을 찾고자 했다.

역사 속에서 한사람을 조명하고 광범위한 자료수집과 연구를 통해서 편견 없이 한 개인을 평가하는 것과 그 평가를 통해서 당시 시대를 조명하는 두가지 노력이 의미심장하게 통합되어 전개된다.

박엽 평전은 지루하지 않게 구성되어 있다. 책의 서두에 우리가 기억하고 있는 영화 '최종병기 활'의 줄거리를 통해서 이미 충분한 호기심을 불러 일으킨다.

다양한 자료와 야담 등이 조화를 이루면서 한편의 소설을 읽는 듯한 편안함까지 선사한다.

400년 전에 돌아가신 박엽 장군은 400년이 지난 이후 이동식 선생님을 만났다. 그런 면에서 박엽 장군은 행운이 있는 분이다.

시간을 되돌리는 것은 인간이 할 수 있는 영역이 아니거늘 400년 역사를 오르내리며 박엽 장군에 대해 잘못 주입된 기억을 되돌려 놓은 이동식 선생님께 박엽 장군 후손의 한 사람으로서 깊은 감사와 존경의 말씀 드린다.

박엽 평전을 읽으면서 "조선의 만리장성을 무너 트린 것은 적이 아니라 우리 스스로 였다." 는 말이 너무나 가슴 깊이 와 닿는다.

L. 나를 이끌어 준 일곱가지 신조

군에서는 초급장교인 소위, 중위, 대위를 위관장교라고 부르고 중견 장교인 소령, 중령, 대령은 영관장교라고 부른다. 영관장교인 소령으로 진급하면서 육군대학에 입학한 나는 앞으로 내가 어떤 리더십을 지향해야 하며 어떤 신조를 가지고 군생활을 할 것인가에 대한 깊은 사색과 묵상의 시간을 가졌다. 육군대학 시절 스스로 정립하고 나의 군생활 동안 지키려고 노력해온 일곱가지 신조를 소개하고자 한다.

첫째, "기회는 준비된 자에게 온다".

손자병법의 진수는 先勝求戰에 있다. 승자는 선승이후구전이요 패자는 선전이후구승이니 승자는 이길수 있는 형세(준비)를 갖춰 놓고 싸움을 시작하고 패자는 싸움이 시작되면 비로소 이길 궁리를 찾는다는 뜻이다. 이순신 장군이 23전 23승을 거둔 비결도 여기에 담겨져 있다. 제갈공명의 신출귀몰한 전략도 이 개념에서 나오는 것이었다. 나는 고등학교시절 독일어를 제2외국어로 공부했는데 당시 서울대 입학을 위해서는 제 2외국어가 필요하기도 했지만 왠지 독일어에 매력을 느끼고 열심히 공부했던 기억이 난다. 독일어 성적은 압도적으로 좋았다. 육사에 입학한 후 독일육사 선발시험이 있었는데 그 시험에서도 나의 독일어 성적은 독보적이었다. 독일육사 선발은 입학성적과 1학기 성적, 군사학 성적, 체력, 독일어 선발시험 등 여러가지가 포함되었는데 독일어 선발시험의 성적 격차가 컸기 때문에 최종 4명의 후보에 포함될 수가 있었다.

기회는 준비된 자에게 온다는 사실이 입증된 사례다. 국가의 경우도 마찬가지다. 독일은 동서냉전이 절정에 달했던 6.70년대에도 인내심을 가지고 동서 교류를 이어 나갔다. 준비된 덕분에 기회가 왔을 때 전격적인 통일을 이룰 수가 있었던 것이다.

하늘은 스스로 돕는 자를 돕는다는 서양 격언이 있다. 스스로 돕는다는 것은 스스로 노력한다는 뜻이다. 머리 좋은 자가 노력하는 자를 따라가지 못하고 노력하는 자가 즐기는 자를 따라가지 못하는 법이다. 나는 군생활동안 지속적으로 준비된 삶을 위해 노력해 왔다. 그 결과 매 고비마다 새로운 기회를 만나게 되었다.

둘째, "생각의 끈을 놓지 말라".

아이디어는 반드시 오랫동안 생각을 숙성시켜야 떠오르게 마련이다. 생각을 하지 않으면서 아이디어가 하늘에서 뚝 떨어지기 만을 기다리는 것은 어리석은 일이다. 비록 실같이 가느다란 끈이라 할지라도 어떤 문제에 생각의 연결고리를 심어 놓아야만 결정적인 순간에 해결의 실마리를 잡을 수 있다. 생각을 숙성시키면 적절한 시기에 착상이 이루어지는데 특히 화장실에서, 온탕 안에서, 산책할 때 아이디어가 떠오른다. 숨차게 뛴다든지 격렬한 활동 중에는 착상이 이루어지지 않는다.

클라우제비츠가 쓴 세기의 명저 전쟁론은 다년간의 전쟁에 관한 사색과 사유, 전쟁을 경험한 이들과의 대화, 본인 스스로 전쟁에 참가하면서 떠오르는 영감을 기초로 만들어진 것이다.

우리의 선조들은 좋은 시상을 얻기 위해서 일부러 나무 옹기가 박힌 목침을 베고 낮잠을 즐겼다고 한다. 깊이 잠드는 것을 방지하고 자는 듯, 깨어 있는듯 비몽사몽 가면을 취할 때 좋은 시상이 떠오른다는 것이다. 나는 군생활동안 늘 사색을 즐기면서 문제해결을 위한 고민을 멈추지 않았다. 그 결과 새로운 시각에서 새로운 접근방식으로 남다른 그리고 남보다 앞선 해결책을 제시할 수 있었다.

셋째, "적응하는 자가 강한 자다."

힘센 種이 강한 종이 아니다. 적응하는 종이 강한 종이다. 한때 지구의 대부분을 점령했던 거대하고 힘센 공룡은 변화에 적응하지 못하고 소멸되었다. 로마에 가면 로마 법을 따라야 한다는 격언도 있다. 군 생활에 실패한 많은 장교들은 상관을 잘 못 만났다거나 부하 잘못 만난 것을 탓하는 경우를 종종 볼 수가 있다. 그러나 유능한 장교는 그 어떤 부하도 거느릴 줄 알아야 하고 그 어떤 상관도 모실 수 있어야 한다.

선진국에서 유학하고 온 장교들이 그 곳에서 배워온 것이 최고인양

무분별하게 우리 군에 적용하다가 실패하는 경우도 많다. 나는 독일에서 배운 것은 배운 것 대로 조용히 참고만 할 뿐 그것을 지나치게 드러내거나 신봉하는 모습을 보이지 않으려고 애썼다. 그렇게 함으로써 거부감도 없애고 부작용이 없는 수준에서 가장 한국적인 방법으로 진일보한 개념을 구현하는데 집중하였다.

넷째, "시간은 누구에게나 주어진 공평한 자산이다."

사람은 태어나면서 공평하게 태어나는 것이 아니다. 누구는 부유한 집안에서 태어나고 누구는 어려운 집안에서 태어난다. 누구는 좋은 머리 즉 좋은 유전자를 물려 받고 누구는 태어날 때부터 핸디캡을 가지고 세상에 나오기도 한다. 심지어 우리의 이름조차도 우리 스스로 지은 것이 아니다.

그러나 神은 모든 인간에게 똑 같은 자산을 부여한 게 있으니 그것은 바로 시간이다. 따라서 인간의 불평등을 회복할 수 있는 유일한 수단은 바로 시간을 잘 사용하는 것이다.

시간사용의 중요성을 가르치는 강사가 큰 항아리를 앞에 두고 그 항아리 안에 자갈을 집어 넣은 후 학생들에게 물었다. "여러분 항아리 안이 꽉 찼습니까?" 그러자 학생들이 "예" 하고 대답했다. 이번에는 항아리 안에 모래를 부었다. 그러자 자갈사이로 모래가 쉼 없이 스며 들어갔다. 이번에는 주전자에 물을 담아 항아리에 부으니 다시 물이 자갈과 모래 틈 사이로 쉼 없이 흘러 들어갔다. 시간강사가 학생들에게 "제가 보인 이 시범행동으로부터 여러분들은 무슨 교훈을 얻었습니까" 하고 물으니 학생들은 대답하기를 "시간을 잘 쪼개어 빈틈없게 사용해야 한다는 것입니다"라고 답했다.

그러자 시간강사는 이렇게 말하는 것이었다. "아닙니다. 제가 여러분께 전달하고 싶었던 것은 만약 여러분이 모래를 먼저 넣는다면 자갈을 넣을 수 없다는 것입니다."

육군에서는 대위에서 소령으로 진급하면 육군대학에 입학하게 되는데 육대의 성적이 남은 군생활에 많은 영향을 미치기 때문에 모두가 최선을 다해서 공부에 전념하게 된다. 육대에 입학하기 전부터 선배장교들을 찾아가서 어떻게 하면 좋은 성적을 얻을 수 있는가 조언을 구하는데 거의 대부분의 선배 장교들은 "방법이 있나. 막고 품는 수 밖에…" 라고 답변을 한다.

옛날 시골에서는 한 겨울에 마을 청년들이 연못을 막고 양동이로 물을 종일 퍼내는데 오후 늦게 쯤 되면 연못의 바닥이 보이고 누워 있는 붕어들을 주워 담는다. 이것을 막고 품는다고 하는 것인데 많은 물고기를 잡는 가장 확실한 방법인 것이 분명하다.

그러나 육대에서의 수업과목은 너무나 많고 광대하여 모든 과목을 막고 품을 수 있는 시간이 주어지지를 않는다. 따라서 과목에 따라 막고 품을 과목이 있고 그물을 던져야 할 과목이 있으며 수류탄을 던져서 물고기를 잡아야 할 과목이 있는 것이다. 과목에 따라 시간을 어떻게 배분하느냐가 중요하다. 막고 품다가 물이 1/5이 남았는데 시간이 종료가 된다면 잡은 물고기는 한마리도 없는 셈이 된다.

시간에는 Time과 Timing이 있다. 시간의 양도 중요한 의미를 갖지만 인생에서는 타이밍이 더 큰 의미를 갖는 경우가 많다. 고3때의 일년은 평생 어느 때의 일년보다도 더 중요한 것과 같은 이치다.

다섯째, "플랜 B를 준비하라."

모든 것이 계획대로 진행되지는 않는다. 때로는 예상치 못한 우발사태가 발생하기도 하고 뜻하지 않은 장애물을 만날 때도 있다. 오직 한가지 옵션에 매달리게 되면 그것이 이루어지지 못할 때 좌절하거나 당황하기 마련이다. 따라서 모든 경우에는 계획대로 진행되지 않을 때에도 대비하고 있어야 한다. 비록 플랜 B가 플랜 A만큼 정교하게 준비되지는 못하더라도 개념계획의 수준으로 대비를 하여야 한다.

여섯째, "막차를 타지 마라."

막차를 놓치거나 막차를 타고 가다가 그 어떤 돌발변수가 생기면 여러가지 곤란한 문제가 발행한다. 그렇기 때문에 막차를 타서는 안되고 막차를 믿어서도 안되며 막차타는 계획 자체를 갖지 않는 것이 좋다. 프랑스의 마지노선이 독일의 공격을 막아줄 것이라고 믿었지만 그 믿음 때문에 프랑스는 무너졌고 제4차 중동전쟁시 이스라엘의 바레브선 역시 이스라엘에 위기를 가져왔다.

인생의 모든 계획은 막차를 빼고 수립되어야 하며 그래야만 우발사태시 유용하게 막차를 사용할 수가 있게 된다.

일곱째, "다른 사람을 딛고 서지 않는다."

인생의 불행은 남과 비교하는 데서 비롯된다. 사촌이 땅을 사면 배가 아프다고 하는데 서양사람들은 이 말이 무슨 말인지 이해하지 못한다.

남이 불행해져야만 내가 행복해 질 수 있다는 공식 자체를 거부해야 한다. 더구나 남을 밟고 무엇에 오르려는 생각보다는 나 스스로 무엇을 이루겠다는 생각을 가져야 한다. 이것은 끊임없는 마인드 컨트롤을 통해서 제어가 가능하다.

제2부

시련과의
만남

A. 국가권력의 조직적 남용, 문재인 정부의 적폐청산

전임 대통령의 탄핵을 딛고 출범한 문재인 정부는 적폐청산이라는 명분으로 대한민국 주류세력을 탄압하고 무력화를 시도하였다. 그것은 제도개혁이나 법적 기반을 개선하는 노력이 아니라 마녀사냥식 검찰권의 남용을 통한 정치보복 이상도 이하도 아니었다. 각 행정부마다 적폐청산 위원회를 만들어 지난 정부의 실정을 조사하고 침소봉대식 꼬투리를 잡아 검찰에 고발하면 검찰이 먼지를 터는 식이다.

탄핵이라는 국가적 불행을 딛고 출범한 정권이라면 당연히 상처 받고 갈라진 국민들을 위로하고 통합하는 것이 우선적 국정과제여야 할 것이다. 문재인 대통령 스스로도 취임사에서 국민통합을 최우선적 국정과제임을 공표했다. 그래서 나는 일말의 희망을 갖고 싶었다. 대통령 탄핵이라는 불행을 딛고 진정한 국민통합, 위기 앞에서 모두가 하나되고 늘 희망을 품고 미래로 나아갈 수 있는 기회가 될 수도 있겠다는 생각이 들었다. 어쩌면 문재인 대통령이 역사에 길이 남을 족적을 남기는 그런 기회를 가질지 모른다는 생각도 들었다. 분명 그것은 문 대통령에게는 기회였다.

그러나 문재인 대통령이 말한 국민통합이란 단지 취임사를 위한 장식이었을 뿐이고, 대한민국 건국세력과 자유민주 세력에 대한 적개심을 감춘 일종의 제스쳐 였을 뿐이었다.

박근혜정부의 불행의 시작은 소통부족과 폐쇄적인 국정운영이다. 그러나 폐쇄의 크기에 차이가 있을 뿐 문재인 정부는 박근혜 정부와 크게 다를 바 없었다. 박근혜 정부가 극히 소수 측근에 의한 폐쇄 정부였다면 문재인 정부는 주사파 운동권 출신이라는 특정세력에 의한 폐쇄 정부였다.

문재인 정부는 불과 41%의 득표로 출범했지만 나머지 59%에 대한 배려는 전혀 없었다. 오히려 탄핵의 승자로써 점령군 행세를 하며 모든 권력을 남용하기 시작하면서 국가적 비극은 잉태되었다. 그들의 정의는 그야말로 선택적 정의였다. 대한민국의 불행은 시작되었다. 역사의 큰 물줄기를 거꾸로 돌리지는 못하겠지만 궤도를 벗어나 역사를 지체하는 것은 언제든 가능한 일이다.

설상가상으로 보수세력은 분열되었다. 탄핵에 가담한 분들이 문재인 정부와 함께 스스로 탄핵의 승자라는 자격을 가지면서부터다. 자신들이 세운 대통령을 탄핵하는 것은 자기 스스로에 대한 탄핵이었다. 그러나 그들은 승자의 자격을 가지려 하였다. "탄핵반대파는 시대에 뒤떨어진 적폐세력"이라는 좌파세력의 논리에 정당성을 부여 하였고 대한민국의 건국이념과 헌법적 가치를 가볍게 만드는 결과를 초래하게 되었다.

탄핵은 정치적 행위이다. 탄핵의 옳고 그름을 떠나 우리가 우리 스스로를 탄핵해야 했다면 모두 머리를 풀고 온몸에 재를 뿌리며 함께 그 책임의 대열에 섰어야 한다. 차라리 그렇게 했다면 우리 자유민주 세력이 그렇게 긴 시간 동안 희망을 잃지는 않았을 것이다.

B. 황당한 모략, 공관병 갑질

2017년 5월 9일 문재인 정부가 출범하였다. 출범 당시 나는 제2작전사령관으로서 국가안보의 핵심이슈였던 싸드배치를 위한 총사령관을 겸하고 있었다. 미 8군사령관 반달장군과 함께 공동책임자 였으며 성주골프장 클럽하우스에 지휘소를 설치하고 별도의 전담인력을 할당하였다.

싸드배치는 이미 정치적 이슈가 되었고 많은 시민단체들이 현장에 내려와 극렬한 반대 시위를 벌이며 싸드배치를 위한 한미 연합군의 준비를 방해했다. 당시 대통령 권한 대행이었던 황교안 총리가 두차례 현장을 방문하여 시민단체에 의한 물세례를 받기도 했고 국민여론도 첨예하게 대립하고 있었다.

나는 현장에 우선 준장급 참모를 현장지휘관에 임명하고 경비를 위한 보병 1개대대와 건설을 위한 공병 1개중대 등을 배치하였으며 별도의 언론대책반을 운용하였다. 시민단체가 골프장 입구를 가로 막고,

드나드는 군 차량을 검문하여 식량과 유류, 공사장비가 못 들어 가게 가로 막는 등, 어처구니 없는 일이 일어나고 있었다.

〈야전공병대대가 설치한 전술교량〉

나는 경찰 쪽에도 군의 이동과 출입을 방해하는 것은 용납할 수 없다는 경고를 전달하고 국방부와 청와대 안보실에는 싸드의 안정적 배치여건을 마련해 달라는 항의 메시지를 지속적으로 보냈다. 그리고 나는 거의 매일 대구경북지역 언론사와 오피니언 리더들을 부대로 초청하여 간담회를 주관하며 싸드배치의 당위성을 설명하기도 하였다.

싸드배치와 관련해서 미군측은 상당히 불편한 마음을 가지고 있었다. 방어적 무기체계인 싸드의 배치가 이렇게 힘들게 진행될 줄은 예상치 못한 분위기 였다. 반달장군은 부대출입조차 자유롭지 않은 현상에 대해 한국정부가 방치하고 있는 것 아니냐는 불만을 노골적으로 나타냈다. 같은 군인으로서 반달장군의 심정은 이해가 가는 일이었다.

싸드배치 지역인 성주골프장 출입이 난항을 겪게 됨에 따라 나는 반달장군과 미측 장교들에게 미안할 수 밖에 없었다. 그래서 나는 특단의 조치를 강구하였다. 나는 기동헬기 2개대대를 투입하여 매일 같이 식량과 유류를 공중으로 수송한 것이다. 공중수송은 한달 이상 지속되었다. 반달 장군도 나의 진정성을 이해하고 적극적인 자세로 나를 도와주었다. 美측에서도 항공전력을 투입하겠다는 의사를 전달해 왔지만 한국군 자산으로도 충분한 상태였다.

한미는 새로운 정부가 출범하게 되면 싸드 배치가 어려움을 겪을 지 모른다는 우려를 갖고 있었다. 그래서 한미는 싸드 미사일 일부를 新정부 출범이전에 한반도내에 배치키로 합의하고 주한 미군기지 모처에 비밀리에 반입해 놓았다. 이것이 신정부 출범후 상당한 시간이 지난 다음에 문제가 되었다.

　국방부나 현장사령부 입장에서는 싸드미사일 조기 반입이 정부차원에서 이루어진 것이기 때문에 前정권 안보실과 新정권 안보실 간 인수인계가 되었으리라 생각 하는 것은 당연했다. 그러나 실제로는 인수인계가 이루어지지 않았던 것이다. 뒤늦게 이 사실을 알게 된 新정부 안보실에서는 군통수권자도 모르게 중대한 사안을 감추고 있었다며 반역행위 운운하면서 조사에 착수하였다. 그러나 싸드배치 사전 반입은 한미간 합의하에 이루어진 사안이기 때문에 크게 일을 벌릴 수 있는 성격은 아니었고 국방부 정책실장이 옷을 벗고 마무리 되었다.

　신정부 출범후 시민단체의 싸드배치 반대 활동은 더욱 거세졌다. 나는 모든 가용통로를 이용하여 한미연합군이 싸드를 안정적으로 배치 운용할 수 있도록 여건을 마련해 달라고 정부에 강력히 요청하였다. 그러나 내가 뒤늦게 깨닫게 된 것은 신정부는 결코 싸드배치가 순조롭게 이루어 지는 것을 원치 않는다는 점이다. 그들은 오히려 싸드배치가 민간단체의 반대시위로 돈좌되어 상황이 고착되기를 바라고 있었다. 나는 크게 실망했고 신정부에 가졌던 일말의 모든 기대를 접고 관망하게 되었다.

2017년 30일 싸드배치 현장지역을 둘러보던 나는 정훈공보참모로부터 한통의 전화를 받았다. 군인권센타라는 시민단체에서 사령관의 공관병들에 대한 부정적인 내용들을 언론에 폭로하여 어느 특정매체에서 기사화되었다는 것이다. 그 날부터 일주일간 매일 단위로 폭로가 불거졌다. 며칠 지난후에는 거의 모든 언론에서 대서특필하면서 걷잡을 수 없이 사태는 불거졌다.

이때 제기된 내용들을 요약하면 다음과 같다.

- 공관병들에게 전자 팔찌를 채우고 수시로 호출하여 부려먹었다.
- 공관에 냉장고가 열대나 되었으며 이사갈 때 다 가져갔다.
- 말 안 듣는 공관병은 GOP로 유배 보냈다.
- 비오는 날 감을 따게 하는 등 의무에 없는 일을 시켰다.
- 부인을 장군처럼 대우하라고 했다.
- 골프를 친 후 골프공을 주워 오라고 시켰다.

우선 대장과 공관병 사이의 관계를 갑을 관계로 보는 것은 군의 기본인 지휘체계를 무력화시키는 불순한 짓이다. 설령 부모가 자식을 꾸짖고 나무랬다고 해서, 그것을 가리켜 부모가 자식에게 갑질 했다고 표현할 수는 없는 것이다. 부모와 자식 간의 관계를 갑을 관계로 볼 수 없듯이 군의 상관과 부하를 갑을 관계로 묘사하는 것 자체가 군지휘체계와 군대윤리를 망가트리는 행위였다.

공관병 갑질과 관련하여 군검찰은 물론 수원지검에서의 조사결과 두번에 걸쳐 무혐의 처리 되었지만 제기된 혐의에 대해 다시한번 해명하자면 이렇다.

우선 공관에는 공관장이라는 직책이 있다. 계급은 상사로서 결코 낮은 계급이 아니다. 공관장은 공관병들은 물론 운전병과 경계병 등 인원에 대한 관리와 함께, 공관이라는 시설을 관리하게 된다.

지휘관은 24시간 근무하는 사람이다. 지휘관은 부대에서 8시간 근무하지만 나머지 16시간은 공관에서 근무한다. 공관은 일종의 야간지휘소이다. 공관에는 비밀통신이 가능한 각종 통신기기들이 설치되어 있고 야간에 일어나는 일에 대해 수시로 보고를 받고 조치하는 곳이다.

6.25전쟁도 일요일 새벽에 일어나지 않았는가. 적의 침투가 일과시간에만 일어나는 것은 아니다. 지휘관에게 부대내 공관을 부여한 것은 일과후에도 부대내에 대기하면서 우발사태에 대비하라는 뜻이다. 지휘관이 책임지역을 이탈할 때에는 반드시 대리체제를 갖추어야 한다.

이러한 기본적인 사항은 제대로 군대생활을 한 사람은 모두가 다 안다. 그런데 군대생활을 해본 적이 없는 시민단체 군인권센터 임태훈 소장은 이런 것들을 알 리가 없다. 학생운동하며 데모나 하다가 감옥에 다녀오고 군대를 안가 본 주사파 운동권 정치인들은 이런 공관의 기능을 이해하지 못할 것이다.

인권은 소중하다. 그러나 군의 특수성을 무시한 무분별한 인권의 군내 도입은 위험하다. 군대란 어차피 매우 불합리한 상황에서 불합리한 임무를 수행하는 집단이다. 사람을 죽여야 하는 일이 얼마나 불합리한 임무인가.

- 공관병에게 전자팔찌를 채워 행동을 제약했다는 폭로는 와전되고 과장된 것이다. 공관은 1층 공용공간과 2층 사령관의 사적공간으로 구분된다. 사령관이 2층에서 비대면 결재를 처리하면 서재에 있는 벨을 눌러 공관병을 호출하고 서류를 가져가도록 한다. 그러다 보니 공관병 중 한명이 1층에서 반드시 대기해야 하는 불편이 생긴다. 이러한 불편을 해소하기 위해 공관장이 아이디어를 내서 일반 음식점에서 사용하는 호출기를 구매하여 공관병의 팔목에 차도록 했다는 것이다. 그렇게 하면 공관병은 한 장소에 대기할 필요 없이 화장실을 갈 수도 있고 공관 주변에서 농구를 할 수도 있고 자유로운 활동이 가능하게 되었다. 공관병들도 좋아했다는 것이다. 그런데 군인권센터는 그것을 마치 성범죄자나 재소자들이 착용하는 전자팔찌인 것처럼 호도하였다.

- 공관에 냉장고가 10개 였고 이사갈 때는 일부 냉장고를 가져가 군용품을 절도했다는 폭로는 사실을 왜곡한 것이다. 공관에 냉장고가 열개인 것은 맞다. 그 중 세개는 사령관의 개인 물품이고 나머지 일곱개는 군용품인데 냉장고 3개, 냉동고 3개, 와인냉장고가 1개였다. 냉장고 중에 하나는 병사들 전용이고 또 다른 하나는 공관장(상사), 전속부관(소령), 운전관(상사) 등 간부들이 공용으로 사용하는 것이다. 10개 모두 필요한 것이고 결코 많다고 보기는 어려운 일이다. 그리고 사령관 개인소유의 냉장고 3개를 이삿짐에 실은 것을 본 어느 공관병이 군용냉장고를 가져간 것으로 잘못 알고 진술한 것을 군인권센타는 군용품을 절도했다고 주장했다.

- 말 안 듣는 공관병을 GOP로 유배 보냈다는 것 역시 와전된 것이다. 공관병들은 공관에 배치되면 군복을 입지 않고 생활하는데다 불침번도 없고 훈련이 없어서 자칫하면 매너리즘에 빠질 수도 있다. 그래서 나는 공관병들이 분기 1회는 반드시 사격훈련과 행군에 참여하고 연 1회 유격 훈련에 동참하도

록 했다. 그리고 공관병 생활동안 한번 씩은 1주일 간 전방사단GOP에서 현장근무를 함으로써 분단된 조국의 현실도 체험하고 북한군의 활동도 눈으로 보도록 했다. 그것을 유배 보냈다고 하는 것은 과장한 것이다.

- 비 오는 날 공관의 감을 따게 했다는 내용은 내가 육군참모차장 시절의 공관병이 진술한 내용이다. 그러나 참모차장 공관에는 감나무가 없었다. 다른 어느 공관에서 있었던 얘기를 듣고 마치 자기가 겪은 것처럼 진술하였다.

- 부인을 장군처럼 대우했다는 군인권센터의 폭로에 대해서는 수사결과 이에 대해 아는 공관병이 없었다.

군대의 원칙에는 "전평시 일원화의 원칙"이 있다. 전시의 모습 그대로 평시에 생활하고 훈련하는 것이 원칙이다. 공관병들은 전시가 되면 사령관과 함께 생사를 같이 하면서 임무를 수행할 병사들이다. 비상이 발령되면 부대를 떠나 임의의 지역으로 전개할 수도 있다. 공관장은 공관의 인원과 시설을 잘 관리하고 사령관이 불편함이 없도록 보좌하여 사령관으로 하여금 보다 중요한 전투지휘임무에 전념할 수 있도록 여건을 보장해 주어야 한다. 공관과 공관병은 결코 지휘관이 폼 잡으라고 제공하는 것이 아니다.

공관병 갑질의 실체는 군을 모르는 사람들이 일반인의 시각으로 희화화 한 사건이었다.

C. 문재인 정권의 위법적인 전역(轉役) 방해

군의 지휘권은 매우 민감한 것이고 분초를 소홀히 할 수 없는 사안이다. 사실과 관계 없이 지휘관이 이런 식으로 숲 국민적 비난의 대상이 되었다면 진위 여부를 가르기 이전에 군대의 신성한 지휘권을 지키는 것이 도리 라는 생각이 들었다. 나는 이 정부 밑에서 복무하는 것이 여러모로 부적절하다는 판단을 하였고 8월 7일 검찰조사에 대비하기 위해 서울로 올라 왔다. 8월 9일에는 후임 사령관이 임명되어 취임식을 가졌다는 소식을 언론을 통해서 들었다.

군대의 지휘권이 이렇게 교대된 것은 역사에 없는 일이다. 그것은 군대의 지휘권을 가볍게 본 문재인 정권의 단면을 보여주는 행태였다.

군검찰에서 나를 소환하자 대구에 있는 사령부 참모장으로부터 전화가 왔다. 검찰 출석할 때 반드시 군복을 입고 포토라인에 서라는 지시가 내려 왔다는 것이다. 도대체 누구의 지시냐고 추궁 했더니 상부의 지시라는 말 외에는 주저하며 대답을 못하였고 난처해 하면서 "군복을 안 가져 가셨으면 인편에 군복을 서울로 보내 드리겠다”고 하였다.

대장 계급장을 달고 검찰에 소환함으로써 공관병 갑질 사태의 효과를 극대화하여 군을 길들이겠다는 의도는 분명해 보였다. 나는 “알았다. 군복을 가져왔으니 걱정하지 말라”고 안심시키고는 그 다음날 사복정장을 입고 포토라인에 서게 되었다. 박찬주라는 개인의 명예를 떠나서 대장이라는 계급의 권위와 명예를 보호하고 싶었기 때문이다.

나는 검찰에 소환되면서 “공관병 갑질에 대해 혐의를 벗는 것은 가능하겠지만 틀림없이 별건 수사로 나를 괴롭힐 것”이라는 직감이 있었다. 제2작전 사령관 직에서 해임된 나는 바로 전역을 못하고 육군사관학교 ‘정책연구관’으로 발령이 났다. 이것은 위법이었다.

군인사법 제20조 3항에 의하면 대장은 보직이 만료된 후 새로운 보직을 받지 못하면 자동 전역이다. 그리고 육군대장의 보직은 대통령령으로 정해져 있다. 그런데도 나를 전역하지 못하도록 하기 위해서 규정에도 없고 전례도 없는 새로운 보직을 임의로 만들어 발령을 낸 것이다.

더구나 대장의 임명과 해임은 군통수권자인 대통령의 권한이다. 그런데 문재인 정권은 위법적으로 나의 전역을 막고 어떻게 해서든 나를 군법회의에 회부하여 시범 케이스로 처벌하겠다는 의지를 드러내고 있었다. 나는 군사법원에서 재판을 받게 되면 공정성이 담보될 수 없을 거라는 판단이 앞섰다. 선진국의 경우에는 고위장성의 비위가 발견되면 즉시 신분을 전환시켜 처벌하는게 관례이다. 처벌을 안하겠다는 것이 아니라 제복과 계급의 명예를 보호하기 위해서이다.

한달여 동안 광범위한 수사에도 불구하고 공관병 갑질에 대한 혐의를 잡을 수 없게 되자 예상한대로 군검찰은 전방위적인 강제수사로 전환하여 다시 한달 이상 대대적인 압수수색과 계좌추적을 실시하였다. 심지어는 직장생활하는 큰 아들의 십년전 군복무시절 특혜여부와 당시 공군에서 현역으로 근무중인 둘째 아들이 휴가를 더 간거는 없는지 보직에 특혜는 없는지 등 수 차례 조사를 실시하였다. 나를 보좌하던 부관, 운전관, 공관장 등이 소환되면서 수사의 성격이 드러나기 시작하였다. 2작전사령관 시절 공금사용 부분은 물론이고 해외출장시 비용처리, 나의 금전거래 등을 추적하기 시작했다.

2017년 8월 9일부터 나는 육군사관학교내 BOQ(독신장교 숙소)에서 기거하면서 일과시간에는 육사 빈건물안에 서너평 짜리 낡은 사무실에서 아무런 임무도 없이 대기하면서 수시로 군검찰에 불려 다니는 신세가 되었다.

나는 서울지방행정법원에 나를 전역시키지 않고 육사 정책연구관에 보직한 것은 군인사법 위반이기 때문에 무효라는 행정소송을 제기하면서 동시에 육사 정책연구관 보직을 정지해 달라는 가처분 신청을 내었다.

한달이 지난 9월 8일 서울지방행정법원은 가처분 신청을 인용하여 육사 정책연구관 보직을 무효화하는 결정을 내렸고 졸지에 무보직 장군이 되었다. 그런데도 정부는 나의 전역을 허용하지 않았다.

나는 국방부에 나의 전역을 결정해 달라는 인사소청을 제기하였다. 인사소청을 제기하면 한달 이내에 결정을 내리도록 규정하고 있으나 국방부는 끝까지 아무런 결정을 내리지 않고 방치하였다.

D. 어거지 별건 수사

나는 소속도 없고 임무도 없이 지내게 되었는데 9월 18일 갑자기 검찰수사관으로부터 전화가 왔다. 9월 20일 구속영장 실질심사가 있으니 정해진 시간에 군검찰단으로 출두하라는 것이다.

나는 아무런 영문도 모르고 "도대체 무슨 혐의로 나를 구속하겠다는 것이냐"고 되물었다. 그랬더니 뇌물수수 혐의라는 것이다. 그래서 '무엇이 뇌물이냐' 했더니 "K씨로부터 밥 먹은 것, 같이 여행 다닌 것 전부 뇌물입니다" 하는 것이었다. 너무나 의외의 예상치 못한 대답이었기 때문에 순간 헛웃음이 나왔다. 변호사님에게 전화로 연락을 드리고 부랴부랴 찾아갔더니 혐의 사실이 적시된 문서가 도착해 있었다.

내가 K라는 형동생 사이의 지인과 2013년부터 2017년까지 4년 동안 30여 차례 함께 식사하고 3차례 제주도 여행 간 비용을 합쳐 740만원이 뇌물이라는 것이다.

이 대목에서 K에 대한 설명이 필요할 것으로 보인다.

K는 2008년 경 내가 장군 진급 후 첫 보직이었던 국방장관 군사보좌관 시절 알게 된 동생이다. 원래부터 인맥이 많지 않은 편인 나는 우연한 기회에 K를 알게 되었다.

K의 부친은 전두환, 노태우 전대통령과 동기생으로 육사 11기생이셨다. 부친은 K가 나를 알기 1년전 쯤에 일본에서 돌아가셨고 부친의 유해를 한국으로 모셔오는데 동기생들이 많은 도움을 주셨다 한다. 그에 대한 감사의 표시로 K가 연로하신 동기분들의 연말 모임을 후원하는 자리에서 나를 만나게 되었다.

처음 알게 된 후로 한달에 한, 두번 정도 식사를 하게 되었고 친해지면서 부부 동반 식사도 하고 지냈으며 내가 2010년 26사단장에 부임한 후 2011년 다시 합참에 부장으로 왔다가 2013년 7군단장, 2014년 육군참모차장, 2015년부터 육군 제2작전사령관을 지내는 동안에도 계속 친분을 유지해 왔다.

K는 아들 둘이 있는데 아들들에 대한 사랑이 매우 컸다. 나 역시 두 아들을 아끼고 좋아했다. 나도 아들이 둘이라는 공통점이 있었기 때문에 아이들과도 함께 온 가족이 동해안과 제주도로 여행을 하는 등 그야말로 형제 같이 지내왔다.

2012년 가을 나는 합참에서 新연합방위추진단장(소장)으로 근무중이었는데 어느 날 K로부터 전화를 받았다. K의 둘째 아들 인석이는 당시 중1이었는데 백혈병과 유사한 희귀병을 앓고 있다가 상태가 악화되어 서울대병원 중환자실에 입원해 있었다. 정확한 병명조차 확실하지 않은 상태에서 치료를 받고 있었는데 상태가 악화되었고 의료진의 의견에 의하면 목숨을 장담 못한다면서 하루 이틀 지켜보되 만약의 사태에 대비하라는 통보를 받았다는 것이다. K는 전화통화에서 "형님,

인석이 없이 저는 어떻게 삽니까" 통곡하면서 울부짖었다. 처음에는 통화내용을 정확히 이해할 수 없어서 인석이가 죽었다는 줄로 알았다.

나는 일과 중이었지만 군복을 입은 채로 부랴부랴 서울대 병원으로 갔다. 병실에 도착해보니 인석 엄마와 아빠가 비탄에 잠긴 모습으로 인석이를 지켜보고 있었다. 나는 그 어떤 영적 힘에 이끌리어 인석이 손을 잡고 안수 기도를 하였다. 나도 비통한 마음에 눈물이 났다.

그런데 놀라운 것은 내가 다녀간 뒤로 치솟던 모든 혈액의 수치가 다운되기 시작했으며 점차 정상치를 회복하였고 일주일 뒤 완전회복 되었는데 의료진 들 조차도 그 원인과 과정을 알 수 없다고 한다.

그 때 회복한 이후 인석이는 자기 방에다가 내 군복사진을 걸어 놓고 지냈다고 하며 나를 이세상에서 가장 존경하는 사람으로 지목하기도 했다. 인석이는 그 이후 재발없이 건강하게 자랐고 후에 씩씩하게 해병대에 자원 입대한 후 모범사병으로 건강하게 복무하다가 제대하였다.

K는 주로 철도공사에서 배출되는 불용품을 매수하여 처리하는 소위 고철업자였다. 한국자산공사에서 매각공고를 보고 최저가 입찰방식으로 온라인 입찰하여 낙찰 받은 후, 그 물품을 제강회사에 납품하는 일이었다.

K는 한국자산공사로부터 연 4~50건의 매각 불용품을 낙찰 받았는데 대부분은 철도공사 불용품이었으나 2014년에 1건, 2015년에 2건 2016년도에 1건 은 군부대에서 한국자산공사에 의뢰하여 매각한 불용품이 포함 되었다는 것이며 따라서 군의 고위지휘관인 내가 개입할 여지가 있어 직무관련성이 있기 때문에 그 기간에 K와 식사하고 제주도 여행 간 것은 뇌물에 해당한다는 것이다.

나는 당황스러웠다. 단지 직무관련성이 있다는 이유만으로 뇌물로 보는 것이 가능한 것인지도 이해가 되지 않았을 뿐더러 4년 동안 내가 밥을 산 것은 무시되고 K가 밥을 산 것만 골라서 뇌물이 될 수 있다는 논리도 이해가 되지 않았다.

사실 나는 K가 군불용품까지 매입한다는 사실은 뒤늦게 알았던 데다가 그 과정에서 유리하게 개입한 일이 없었기 때문에 이런 사교적으로 밥 먹은 것 까지 뇌물이 될 수 있는지에 대해 도무지 상상이 안가는 일이었다.

모든 것이 상식밖의 일이어서 나는 변호인에게 집요하게 따져 물었는데 변호인은 최선을 다하자면서 "법원에서 무죄를 이끌어 낼 수 있다. 1심 군사법원에서 설령 유죄를 내리더라도 1심 후에는 전역을 허용할 것이며 밖에 나가 2심 재판을 받으면 틀림없이 무죄가 나올 것"이라고 자신 하는 것이었다.

헌법 27조에 의하면 군인이나 군무원이 아닌 사람은 즉 민간인은 군사법원에서 재판 받지 않도록 규정하고 있다. 따라서 이미 민간인 신분이 된 나를 군사법원에 기소한 것은 헌법위반인 셈이다.

E. 85일 간의 포로생활

　변호인은 나에게 "어차피 박대장님은 공관병 갑질에서 혐의를 찾지 못한 상황에서 별건으로 구속영장이 발부된 점, 그리고 여러가지 정황과 경험칙상 구속영장이 발부되는 것은 정해진 수순이다. 구속영장이 기각된다는 기대는 하지 않는 게 좋다. 법원에서 다투는게 낫다"고 하였고 구속영장은 발부되었다.

　나는 모든 것을 담담히 받아 들였다. 크리스쳔 신앙인으로서 "내가 가는 길을 그가 아시나니 그가 나를 단련하신 후에는 내가 정금같이 되리라"는 성경말씀을 마음에 새길 뿐이었다. 나는 포승줄에 묶여 헌병이 양옆에 팔짱을 끼운 채로 국방부 영창에 이송되어 수감되었다.

　국방부 영창은 반지하 형태라 할 수 있는데 내가 수감된 방은 서너평 크기의 독방이었다. 복도에 연하는 한쪽면은 벽이 아니라 천장부터 바닥까지 쇠창살로 되어 있고 반대편 볔에는 A-4지 두장 크기의 작은 창문이 지상과 연결되어 희미하고 흔들거리는 가을 햇빛이 하루에 한

두시간 정도 들어오고 있었다.

방에는 3단으로 접히는 군용 깔판과 매트리스와 담요 세장이 전부였다. 공교롭게도 내가 구속된 2017년 9월20일부터 30일까지는 두번의 주말과 중간에 추석연휴가 연결되어 장장10일간의 연휴 기간이었다. 이 기간 열흘 동안은 검찰소환도 없었고 변호인이나 가족 면회도 불가하였기 때문에 더욱 고립된 시간이었다. 호흡을 제대로 할 수 없을 정도로 숨이 막혔고 잠을 이룰 수 없었으며 온몸이 식은 땀으로 적셨다가 마르기를 반복하였다.

공관병 갑질이라는 뜬금 없는 모략에 덧씌워 全 국민적 비난과 조롱을 받다가 막상 구속된 것은 뇌물이라니…

40년간 국가방위에 헌신한 나에게 뇌물이란 단어가 적용되었다는게 치욕적이었고 이게 현실이라는게 믿어지지 않았다. 이것이 꿈일지도 모른다는 혼란이 나를 엄습하였다.

아 나는 적에게 포로로 잡혀 있구나… 그렇다면… 군인에게 포로가 된다는 것은 치욕만이 아니다. 포로의 기본 임무는 내가 아는 군사비밀을 끝까지 지키고 최소한의 통제만 따르면서 끊임없이 탈출의 기회를 보는 것이다. 나는 적진에 포로가 된 신분이라는 스스로의 세뇌를 하면서 새롭게 마음을 다지게 되었다. 나는 반드시 포로의 신분에서 탈출할 것이다!!!

5분 간격으로 헌병은 쇠창살 밖 복도를 저벅저벅 군화소리를 내며 왔다 갔다 하면서 나의 동태를 살폈다. 내 바로 옆방에는 육군중령 한명과 군무원 한명 등 2명이 수감되어 있었고 그 옆에 이어진 여러 방에는 병사들이 수감되어 있었으나 서로 볼 수는 없었다. 식사는 다른 수감된 병사들과 간부들이 식사를 마치고 나면 헌병의 안내를 받아 내

방에서 20미터쯤 떨어진 작은 식당으로 이동하여 식사를 했다.

오전 오후 한번씩 지상에 있는 작은 마당으로 나와서 헌병 두 명이 지켜보는 가운데 30분 동안 체조를 하고 30m 정도 되는 트랙을 스무 바퀴 정도 걸었다. 그리고는 다시 영창에 수감되었다.

수감된 첫날은 아무 생각없이 눈을 감고 벽에 기대어 앉아 마음을 다스렸다. 이튿 날 나는 헌병에게 성경을 반입해 달라고 부탁했다. 성경을 읽기 위해 펼쳤지만 초점을 맞출 수가 없었다. 글씨가 뒤엉켜서 벌레처럼 움직였기 때문에 다시 눈을 감고 명상에 잠겼다.

사흘째 되던 날부터 나는 성경말씀을 노란 '포스트 잇'에다가 한 구절씩 써서 감방 벽에 붙이기 시작했다. 좌로부터 우로 열을 맞추어 붙여 나갔고 한 줄이 다 채워지면 그 아래에다가 한 줄, 다시 한 줄, 이렇게 3일을 붙였더니 감방의 삼면이 모두 노랗게, 은행나무 단풍잎이 물 든 것처럼 보였다. 나는 나름 성취감을 느꼈다. 그 후 부터는 서서 한 걸음 한 걸음씩 이동하면서 성경 귀절을 암송하였다. 그 때부터 마음 이 안정되기 시작하였다.

처음에 헌병들은 나를 보고 어쩔 줄 몰라 했다. 어떻게 해서 든 규정 범위 내에서 편의를 봐주고 도와 주려는 자세였다. 어떤 헌병은 나에 게 "이건 아니라고 봅니다" 하면서 분개하기도 하였고 "여기 오래 계 실 거 같지는 않습니다"라든가, "건강 잘 챙기십시요" 등의 덕담을 해 주었다. 그럴 때마다 미안한 마음에 나는 "괜찮으니 걱정말라"고 헌병 을 다독여 주었다. 헌병들은 나의 일거수 일투족을 주기적으로 상부에 보고하고 있었다.

열흘 간의 연휴가 끝나자 검찰은 나를 소환하여 추가 심문하기 시 작했다. 군검찰단으로 이동할 때는 나를 포승줄로 묶은 후 헌병이 양 옆에서 팔짱을 꼈고 헌병 중사인 교도관이 선탑하여 헌병순찰 차량으 로 압송하였다. 조사시에는 항상 변호인이 입회하였는데 조사할 때 마 다 나의 변호인은 집요하게 나의 신분에 관해서 따졌다. 박찬주 대장 의 현재 소속이 어디냐, 민간인 신분이 된 사람을 군사법원에 기소하 는 것이 맞느냐는 요지였다. 그 때 마다 검사는 초기에는 '자기가 봐도 전역이 맞는 거 같다'는 말로 동조하는 듯하더니 '박대장님의 신분은 상부에서 결정하는 것이고 본인은 검찰로서 조사를 하는 것 뿐'이라는 변명을 반복 하였다.

어느 날 군검찰이 나를 갑자기 소환해서 가보니 변호인도 없었고 군 검사만 혼자 앉아 있었다. 책상에는 서류를 질서정연하게 쌓아 놓고 이렇게 말하는 것이었다.

"박대장님의 모든 서류는 민간검찰로 이첩 될 것이고 곧 전역이 될 것입니다. 그 동안 조사 받느라 수고하셨습니다. 저도 2작전사에 근무한 적이 있습니다. 그 때는 대장님을 쳐다보지도 못 했었는데 본의 아니게 대장님과 안 좋은 인연으로 만나게 되었습니다. 그동안 불편하신점이 있었다면 용서해 주십시요." 하고는 자리에서 벌떡 일어나 90도로 절을 하는 것이었다. 나는 순간 고맙기도 하고 전역이 이루어진다니 기쁘고 반가워서 일어나 같이 목례로 답하였다.

나는 후련한 마음으로 다시 영창으로 복귀하였다. 혹시 누구라도 이사실을 알게 되면 잘못 될까 봐 조심스러웠다. 하루에 한 두번 씩 내방을 방문하는 교도관에게는 "상부로부터 무슨 연락이 없느냐"고 떠보기만 하였다.

그런데 2~3일 후인 10월10일 저녁에 교도관이 오더니 군사법원에 기소되었다며 기소장을 가져왔다. 무엇인가 잘 못 된 것이 분명해 진것이다. 군검사는 분명히 내가 전역 될 것이라고 하였는데 갑자기 군사법원에 기소한다는 것은 전역을 허용치 않겠다는 뜻이었다.

추정컨데 군검찰에서는 법률위반을 우려하여 나의 전역을 상부에건의하였으나 상부에서 승인하지 않은 것으로 보인다. 헌법 27조에의하면 군인이나 군무원이 아닌 사람은 즉 민간인은 군사법원에서 재판 받지 않도록 규정하고 있다. 따라서 이미 민간인 신분이 된 나를 군사법원에 기소한 것은 헌법위반인 셈이다.

변호인과 상의한 끝에 나는 군사법원에서의 재판을 기피하고 거부하기로 하였다. 그리고 대법원에 "박찬주 대장은 이미 민간인 신분이되었기 때문에 군사법원은 관할권이 없다"는 취지의 결정을 해달라는 신청을 제출하였다. 일종의 신분확인을 요청한 것이다. 이 제도는 통상 선거 기간에 피선거권 여부를 놓고 사용하는 제도라 한다. 군인이냐 민간인이냐를 놓고 이 제도를 적용한 것은 나의 경우가 역사상 처음이라고 한다.

군사법원에서도 어쩔 수 없이 대법원 결정이 날 때까지 재판을 미루게 되었다. 대법원 결정에 얼마나 시간이 걸리는 지는 누구도 예측을 못하고 있었다. 그로부터 두 달 반 남짓 동안 나는 대법원의 결정을 기다리며 영창에서 시간을 보냈다. 나는 각종 여행 서적을 반입하여 탐독하면서 상상의 나래를 펴고 세계각지를 다니게 되었다.

가장 힘들고 어려운 때는 신체검사나 주기적인 검진을 위해 병원에 가는 날이다. 병원에 갈 때는 포승줄에 묶여서 헌병이 양팔을 낀 채로 이동해야 한다. 분당에 있는 수도통합병원에 가보면 현관에 수백명의 장병들이 진료를 위해 대기하고 있는데 그 사이를 포박 당한채로 지나가기가 불편할 수 밖에 없었다. 장병들은 벌써 누군지 눈치를 채고 내가 지나 갈 때는 모두들 고개를 숙이고 쳐다보지 않았다. 차마 육군대장이 묶여서 지나가는 것을 쳐다보기 민망했던 것이다.

문득 고디바 초콜렛의 유래로 알려진 고디바 부인의 이야기가 떠올랐다. 고디바 부인은 11세기경 영국 코번트리 지방을 다스리던 레오프릭 영주의 아내였다. 그녀의 남편은 그들이 살고 있던 도시의 재정 문제를 직접 담당하고 있었는데 농민들에 대한 세금감면 운동을 벌이고 있는 아내의 행동이 못마땅하여 만약 그녀가 알몸으로 말을 타고 마을을 돌면 세금을 감면하겠다고 말했다한다. 그런데 시민들의 고통을 안타까워 했던 고디바는 용기를 내어 알몸으로 말을 타고 동네를 돌았다고 한다. 그러나 그녀의 마음을 다 아는 동네 사람들은 고디바 부인의 모습을 보지 않기 위해 문과 창을 닫고 그 용기와 희생에 경의를 표했다고 전해진다. 여기에서 비롯된 Godivaism이란 용어는 '관습과 상식을 깨는 대담한 논리의 직접적 정치행동'이란 뜻으로 현대사회 '행동시위'의 대명사가 되었다.

이 고디바 부인은 오늘날 명품 초콜릿(초콜릿의 귀족)의 브랜드로 재 탄생했다. 라틴어 Godiva는 God's gift란 뜻이다.

〈고디바 여인〉

2017년 12월15일은 나의 일생에 있어 매우 의미 있는 날이다. 저녁 무렵에 교도관이 문서를 하나 들고 와서는 쇠창살 사이로 펴 보이며 "대장님, 대법원 판결이 났습니다." 하고 소리치는 것이었다. 대법원 판결 요지는 "박찬주 대장은 이미 2017년 8월 9일 제2작전사령관

직에서 물러난 즉시 전역 된 상태였으며 군사법원은 박찬주 대장에 대한 관할권이 없다" 였다. 결국 나는 민간인 신분이 된 이후 군검찰로부터 압수수색을 당했고 군검찰의 강제수사를 받은 후 군영창에 수감되었으며 군사법원에 기소되었던 것이다. 이것은 헌법위반이었다. 헌법 27조에 의하면 군인이나 군무원이 아닌 사람은 즉 민간인은 군사법원에서 재판 받지 않도록 규정하고 있기 때문이다.

나는 대법원 판결이 난 그날 부로 나의 거주지 관할 법원인 수원구치소로 이감 되었다. 군사법원에 기소된 이후 신분이 바뀔 경우, 같은 등급의 일반 법원으로 이송하도록 한 군사법원법상 이송 조항을 따른 것이다. 국방부가 법률을 위반하여 나의 전역을 방해하고 헌법을 위반하여 군사법원에 기소한 것은 추후에 법적 책임이 뒤따를 것이다. 누구를 처벌하기 위함보다는 다시는 이러한 권력남용이 일어나지 않도록 해야 하고 군복과 계급의 명예를 함부로 훼손하는 일이 없도록 해야 하기 때문이다.

졸지에 민간인 신분이 된 나는 수원구치소에 도착하여 여러가지 불편한 절차를 밟아 작은 독방에 수감되었다. 40년 동안 푸른 제복을 입고 국가방위를 위해 평생을 헌신했는데 이제 군복을 벗은 민간인 신분이 되었다는 사실에 말할 수 없는 회한이 밀려왔다.

육군사관학교에 입학한 이후의 군생활이 주마등처럼 머리를 스치며 지나갔다. 그리고 40년 군생활이 이렇게 허무하게 마무리 되었다는 사실에 전율을 느낄 수 밖에 없었다. 그러나 나는 항상 스스로에게 말하였다. "나는 아직도 포로신분이다. 포로의 임무는 모든 수단을 다하여 탈출하여 우군진영으로 복귀하는 것이다. 반드시 포로신분에서 벗어나 진실을 규명해야 한다."

구치소 수감자들은 어떻게 알게 되었는지 내가 변호인 면담을 위해 복도로 걸어가면 많은 분들이 창살을 붙들고 응원해 주었다. "절대 굴복하지 마세요" "힘내세요" " 저놈들, 천벌을 받을 놈들입니다!." 하고 소리 질렀다.

면회 대기실이나 운동시간에는 수감자들 중에 나를 알아보고 각종 위로의 말을 해주었다. 모두들 힘든 군생활을 한 사람들로서 공관병이 무슨 임무를 수행하는지 잘 알기 때문에 화가 나서 하는 말이었다. 사실 군에서 공관병이라 하면 누구나 하고 싶어 하는 직책이다. 불침번 등 야간근무가 없고 힘든 훈련이 없기 때문이다. 본인의 노력여하에 따라 공부를 한다든가 자기계발도 할 수가 있다.

한번은 변호사 면회를 위해 복도를 지나가는데 40대 중반의 수감자 한분이 철창을 손으로 잡은 채 낮은 목소리로 나에게 말을 건네는 것이다. "대장님, 저는 7사단 수색대 출신입니다. 저는 잘못해서 왔지만 대장님은 억울하게 오신 것 압니다. 힘내십시오."

원래 수감자끼리 대화를 나누면 안되지만 나는 순간적으로 그 분의 말이 따뜻하게 느껴졌고 불쑥 장난끼가 발동되어 물었다. "선생은 무슨 잘못으로 왔는데요?" 그러자 그분이 대답했다. "보이스 피싱요!"

그래서 나는 한번 더 물었다. "나도 보이스피싱 전화 받은 적이 있는데, 혹시 우리 한번 통화했던 사이 아니유?" 하니까 그 분은 키득키득 하면서 "그럴수도 있겠네요. 그렇다면 영광입니다" 하였고 나는 웃음을 참으면서 계속 걸어갔던 기억이 난다.

구치소에 근무하는 교도관분들은 항상 원칙을 지키려 노력하면서도 수감자들의 인권보호를 위해 무척이나 신경 쓰는 모습이었다. 특히 인상 깊었던 어느 교도관 한 분은 근무에 투입될 때마다 내 방 앞에서 짧지만 은혜스러운 기도를 해주고 가셨다. 내가 기독교 장로인 것을 아시고 신앙으로 힘을 주신 것이다.

구치소에서는 군영창과는 달리 필요한 물건을 정해진 날짜에 OMR 카드로 신청하면 정해진 날짜에 배송보급을 해주었다. 속옷이나 생필품, 일상적인 약품, 간식 등을 요일에 맞추어 주문하고 수령하는 것이 나름 재미를 주는 요소였다. 간식중에는 두유나 빵, 쏘세지 등이 있었고 나는 늘 볶은 땅콩을 주문했는데 많은 량을 감방안에 저장하는 것은 불가능하여 조금씩 구매가 가능하였다.

그런데 크리스마스가 지나고 해가 바뀌다 보니 땅콩 구매가 불가능해졌다. 통상 연초에는 업체와의 계약문제로 물건들이 제대로 보급되지 않는다는 게 우리 통로를 담당하는 사소의 설명이다. 사소라 함은 통로별로 수감자중 모범적인 사람을 선발하여 식사배식이나 우편물 분배 등을 맡아서 교도관들을 돕는 사람이다. 내가 땅콩 보급이 중단되어 아쉬워 했더니 어느 날 우리 통로를 담당하는 사소가 땅콩 열 봉지를 들고 와서는 내 방에 넣어 주고 가는 것이었다. 나중에 알고 보니 사소가 방마다 돌아다니면서 "대장님이 땅콩이 떨어졌는데 누구 땅콩 숨겨 놓은 분 있으면 좀 내 놓으십시요" 하면서 수소문하여 얻어다 가져 온 것이었다. 내가 그곳에서 나올 때까지도 땅콩 보급은 이루어지지 않았으나 사소가 준 땅콩은 고맙고 신기하게도 내가 보석으로 석방될 때까지 딱 맞게 꼭 필요한 만큼의 양이었다.

구치소내의 식사는 군대보다 나은 편이었다. 같은 1식 3찬이었지만 구치소 음식이 반찬도 더 맛있었고 조리가 잘되어 나왔다. 군대밥 40년 먹었는데 군생활 할 때 군대식사에 대해서 좀 더 관심을 가질 껄 하는 아쉬움도 느껴졌다. 서적의 반입은 군영창에 비해서 무척 까다로웠다. 시간도 오래 걸렸고 절차도 까다로웠다. 반면에 구치소는 방마다 TV가 보급되어 있어서 하루 정해진 시간에 TV 시청이 가능했고 신문도 구독할 수 있었다.

12월 15일부터 1월 말까지 45일간 추운 겨울을 수원구치소에서 보냈고 1심 재판부는 첫번째 공판이 열린 후 나를 보석으로 석방했다. 군영창에서 85일, 민간구치소에서 45일, 도합 127일의 포로생활을 끝내고 자유의 몸으로 풀려난 것이다. 나는 그동안 뱃살도 빠졌고 몸은 가벼워 졌으나 수감내내 불면증에 시달린 탓에 정신은 쇠약해진 상태였다. 무엇에 집중하기가 어려웠고 그냥 누워있는게 편한 상태, 모든 것이 귀찮은 심리상태였다고 보여진다.

그 이후 1년반 동안의 기나긴 재판을 통해 나는 가장 치욕스럽게 느꼈던 뇌물죄에서 대법원까지 무죄를 확정 받았다. 긴 고통의 터널을 빠져 나온 기분이었다. 사필귀정이란 단어도 떠올랐고 조선시대 수많은 사화를 통해서 고통을 받고 세상을 떠난 선조들이 생각났다.

F. 자랑스런 김영란법 위반

대법원에서 뇌물죄에 대한 무죄를 확정 받은 나는 반면에 함께 묶어 들어간 김영란법 위반 혐의로 벌금형을 선고 받았다. 뇌물죄가 공관병 갑질사건의 별건이었다면 김영란법 위반은 그 뇌물죄의 또 다른 별건 이라고 할 수 있겠다.

김영란법 위반과 관련된 진실은 이렇다.

2016년 가을 무렵 육군 제2작전사령관으로 재직중이던 나는 이모 중령으로부터 다음과 같은 탄원을 접수하였다.
"부친이 6.25참전용사이신데 한쪽 폐가 없으신 상태에서 다른 폐마 저 폐렴에 걸려 자리보전 하셨습니다. 간호하시던 어머니 마저 길에서 넘어지시는 바람에 고관절이 골절되어 누우셨습니다. 부모를 봉양할 사람이 없습니다. 그래서 전역을 해야 할 것 같습니다. 그러나 내 고향

충남 금산에서 근무 할 수 있게 배려해 주신다면 부모님을 모시고 계속 복무할 수 있을 것 같습니다. 도와 주십시요."

나는 부하가 어려움에 처해 있으면 당연히 도와야 한다는 생각으로 담당참모를 불러서 탄원내용을 전달해 주며 "忠은 다른 사람이 대신할 수 있으나 孝는 다른 사람이 대신할 수 없는 거 아니냐. 사정이 딱한 것 같다. 검토해 봐라"고 임무를 주고는 잊고 있었다. 그 중령으로부터 내가 무슨 금품을 수수 했다거나 향응을 제공 받았다거나 어떤 접촉이 있었던 것도 아니었다.

그런데 뒤늦게 재판과정에서 알게 된 것은 이 탄원을 제기한 이모 중령이 금산에 있는 대대가 아니라 홍성에 있는 대대장으로 이미 분류가 되었던 모양이다. 그런 사실을 알게 된 담당참모는 금산대대로 분류된 최모 중령에게 전화를 걸어 사정을 설명하고 홍성대대장으로 가지 않겠냐고 물어보았고 그 최모 중령이 좋다고 하니까 두사람의 보직 분류를 바꾸어 주었다는 것이다.

홍성에는 도청소재지가 있어서 일반적으로 금산보다는 홍성이 선호지역이다. 따라서 최모중령에게도 좋은 일이었고 탄원을 제기한 이모 중령에게도 좋은 일이었으니 이 사건에서 피해자는 없었던 것이다. 그런데도 재판부는 김영란법으로 벌금형을 선고하였다.

나는 벌금형을 선고받은 것에 대해 조금도 부끄러운 적이 없다. 그리고 똑 같은 상황이 벌어진다 해도 나는 똑 같은 선택을 할 것이라고 생각한다. 다만 아쉬운 것은 군대에서 지휘관이 부하의 고충마저도 눈치 보며 해결해 줄 수 없다면 과연 전시에 어떻게 부하에게 목숨을 걸고 싸우라 할 수 있겠는가 하는 것이다.

변호사님도 아쉬워 하며 김영란법의 입법취지가 왜곡됐다고 한탄하셨다. 설령 법이 그렇다 하더라도 군검찰이 군의 특성을 감안하여 처리 했어야 한다고 본다. 담당 군검사는 그런 일로 대장을 기소한 것이 자랑스러웠을까. 그런 처벌이 군에 어떤 영향을 미치리라는 것을 판단할 수는 없었던 것인가.

이 사건이후 군에서는 전우들의 고충을 외면 한다고 한다. 함부로 개입 했다가는 다칠 수 있다는 분위기가 팽배해 졌다는 것이다. 나에 대한 판결은 군의 전우애와 단결을 한순간에 무너트리는 행위였다.

군의 지휘관에게는 매우 넓은 폭의 권한이 부여된다. 군은 항상 합리적일 수 없다. 전투시 적의 총알이 빗발치듯 날아오는 상황에서도 앞으로 돌진하라는 명령을 내려야 한다. 이것 만큼 불합리 한 게 어디 있나. 진군수칙에는 "나는 쓰러진 전우를 두고 떠나지 않겠다"고 씌여 있는데 위험하면 피해야지 왜 떠나지 말고 전우를 지켜야 하는 건가.

판사들은 법이 그렇게 되었으니 그렇게 처벌할 수 밖에 없다고 하소연 할 수도 있다. 그러기 때문에 국회에서 김영란법을 손질해야 한다. 내가 이모중령의 탄원을 받고 처리한 것은 김영란법이 유효화 된지 보름만에 일어난 일이었고 첫번째 처벌 받은 사람이 되었다. 국회위원 등 일부 특정인들이 김영란법 대상에서 제외되는 것처럼 군의 지휘관이 지휘권을 행사하는 것은 제외시켜야 한다. 지휘관은 평시부터 폭넓은 권한을 가져야 한다. 그래야 전장에서 싸워 이길 수 있다.

공관병 갑질에서 혐의가 안나오니까 별건으로 뇌물죄로 엮고 그것도 안되니까 별건의 별건으로 이런 일을 끼워서 김영란법을 적용한 군 검찰은 군의 지휘체계를 무너뜨린 것을 반성해야 하고 정권의 하수인 노릇한 것을 부끄러워 해야 한다.

G. 진심을 전한 나의 전역사

    공관병 갑질에서 무혐의, 대법원에서 뇌물죄 무죄가 확정된 후 내 마음은 많이 편해졌다. 김영란법 위반으로 벌금형 받은 것은 훈장이란 생각이 들었다. 부하를 위해서 내가 처벌 받는다는 것은 나를 위해서 부하가 처벌 받는 것보다는 훨씬 다행스런 일이라 생각되었다. 내가 별 네개 인데 별하나 더 달았으니 오성장군이 된 셈인가 하는 장난스런 생각도 들었다.

    나는 40년간을 국가방위에 헌신하여 왔지만 결국 직업군인이 명예스럽게 생각하는 전역식도 못하고 국방부 지하영창에서 전역을 맞았고 민간인 신분이 되어 민간구치소로 이송될 수 밖에 없었다. 그 아쉬움을 접어 두고 나는 명예롭게 마무리를 하는 차원에서 문득, 전역사를 남겨야겠다고 생각했다. 늦은 밤에 시작하여 이른 새벽에 전역사를 완성한 나는 기상시간에 맞추어 후배들에게 메일을 뿌렸다. 그랬더니 하루가 지나서 알음알음 군내에 전파가 된 것 같았고 며칠 후에는 주요 언론과 유트브 등에서도 알려지게 되었다. 많은 분들이 공감하며 댓글을 달아 주셨고 공감하는 후배들의 전화가 빗발쳤다. 예상치 못한 반응이었다.

그 당시 작성한 전역사는 그 때의 느낌과 생각으로 작성한 것이기 때문에 조금도 첨삭하지 않고 그대로 유지하는게 좋겠다는 생각이 들었다.

전역사

〈후배장교 및 장성들에게 전하는 네가지 당부〉

저는 오늘 뒤늦은 전역인사와 함께 군문을 떠나려고 합니다. 2017년 8월9일 제가 서울에 업무차 올라와 있는 동안, 저도 모르는 사이에 후임사령관이 취임하였다는 충격적인 소식을 듣고, 그 이후 다시 대구에 내려가질 못했습니다. 저 뿐만 아니라 함께 충격을 받았을 참모들과 부하 전우들에게 미안한 마음을 전하면서 뒤늦게 나마 떠나는 인사를 드리려 합니다.

지난 40년간, 저에게는 지켜야 할 조국이 있고 생사를 함께 할 전우들이 있다는 사실 자체가 늘 힘의 원천이자 행복의 근원이었습니다. 戰車의 굉음을 울리며 地軸을 흔들면서 전우들과 함께 불렀던 기갑영웅의 노래가 아직도 귓가에 남아 있습니다. "폭풍우 치던지, 눈이 내리던지, 태양이 우릴 보고 웃던지… 매서운 바람을 뚫고, 맹렬히 돌진하여 나가는… 우리는 용맹의 상징 기갑 선봉대"

이 순간 저는 지난 군생활의 추억에 젖어 감회를 전달하기 보다는 앞으로 우리 軍을 이끌어갈 全軍의 후배 장교와 장성 여러분께 몇가지 당부의 말씀을 전하는 것으로 전역인사를 대신하려 합니다.

첫째, 후배장교 및 장성 여러분들은 軍의 철저한 정치적 중립을 지켜가야 합니다. 민주국가에서 軍의 정치적 중립에 대한 도전요소는 두 가지인데, 하나는 軍이 정치에 개입하는 것이고, 다른 하나는 정치지도자들이 軍을 정치적으로 이용하는 것입니다.

정치지도자들은 때때로 국가이익보다는 정권의 이익을 위해서 인기 영합적 선택을 하는 경우가 많이 있습니다. 진정한 의미에서 軍의 정치적 중립이란, 軍이 정치적 성향에 흔들리지 않고, 심지어는 설령 정치지도자들이 잘못된 선택을 하더라도, 굳건하게 국가방위태세를 유지하여 국가의 생존과 독립을 보장하는 것입니다.

정권이 능력을 상실하면 다른 정당에서 정권을 인수하면 되지만 우리 軍을 대신하여 나라를 지켜줄 존재는 없습니다. 軍이 비록 정치의 통제를 받음에도 불구하고 軍이 정치보다 도덕적 우월감을 갖게 된 것은 바로 이런 이유 때문임을 알아야 합니다.

둘째, 정치가들이 평화를 외칠 때, 오히려 전쟁의 그림자가 한 걸음 더 가까이 다가왔다는 각오를 가져야 합니다. 그것은 역사가 증명하고 있습니다. 평화를 만드는 것은 정치의 몫이지만 평화를 지키는 것은 군대의 몫입니다. 정치지도자들은 안 좋은 상황속에서도 유리한 상황을 기대하지만 군사지도자들은 유리한 상황속에서도 안 좋은 상황에 대비해야 하는 것입니다.

비록 정치지도자들이 상대편의 선의를 믿더라도 군사지도자들은 선의나 설마를 믿지 말고 우리 스스로의 능력과 태세를 믿을 수 있도록 대비해야 합니다. 힘이 뒷받침 되지 않은 평화는 진짜 평화가 아니며 전쟁을 각오하면 전쟁을 막을 수 있습니다.

셋째, 정치지도자 들에게 다양한 군사적 옵션을 제공할 수 있어야 합니다. 군대가 정치지도자들에게 제공할 수단에는 전쟁만 있는 것이 아닙니다. 다양한 형태의 위협에 대비하여 다양한 옵션을 제공할 수 있어야 하며, 성과중심에서 효과중심으로 사고를 전환하여, 피해를 최소화하면서 비용을 절감할 수 있는 옵션들을 발전시켜야 합니다.

그것이 전략심리전이든, 참수작전이든, 해상봉쇄이든, 군사적 옵션의 선택은 정치지도자의 몫이지만 그것의 실행을 보장하는 것은 여러분의 몫입니다.

끝으로 군대의 매력을 증진시켜 주기 바랍니다. 군대의 매력은 편한 군대에 있지 않습니다. 강한군대만이 매력을 줄 수 있으며, 역시 군대는 다르다는 기대의 충족에서 나타날 수 있습니다.

가서 편하게 지내다 올 수 있는 군대가 아니라, 비록 힘들지만 도전해 보고 싶은 군대, 땀의 가치를 알고 승리의 자신감을 얻을 수 있는 군대이어야 합니다. 각 개인의 재능을 전투력으로 승화시키고, ONE FOR ALL, ALL FOR ONE, 하나는 전체를 위하여, 전체는 하나를 위하여 헌신할 수 있는 군대가 매력을 줄 수 있는 군대입니다.

군대의 증진된 매력은 국민에게는 든든함을, 장병들에게는 자부심과 자신감을, 적에게는 두려움을, 동맹군에게는 신뢰감을 주게 될 것입니다.

후배장교 및 장성 여러분, 여러분들은 軍을 이끌어 가는 기둥입니다. 서까래가 무너지면 교체하면 되지만 기둥이 무너지면 집을 허물어야 합니다. 지금까지 우리의 선배님들은 우리에게 소중한 정신적 유산을 물려주었습니다. 선배님들은 우리에게 온정주의와 감상주의, 기회주의와 인기영합주의를 멀리하고, 따뜻한 가슴과 함께 차가운 피를 가진 군사지도자가 되라고 가르치셨습니다. 그 정신을 이어가야 합니다.

이제 저는 정들었던 군문을 떠나려고 합니다. 軍을 떠나는 순간 많은 분들은 조국이 위태로울 때 다시 군복을 입고 총을 들겠다는 다짐을 합니다. 저 역시 그러한 충정에 가득 차 있습니다만, 저는 그러지 않으려고 합니다. 후배 여러분들을 믿고 맡기는 것이 도리라고 생각해서 입니다.

지난 軍 생활 동안 저를 이끌어 주신 많은 선배님들께 감사를 드리며, 생사고락을 함께한 부하 전우들에게 고마움의 마음을 전합니다. 또한 저를 아는 모든 분들의 성원에 깊은 감사를 드립니다.

특히 저에게 참군인의 감동적 매력을 끊임없이 보여주셨던 이상희 장군과 김관진 장군께 각별한 존경의 말씀을 드리며, 운명을 달리한 사랑하는 동기생, 백합 같은 인품과 샛별 같은 지성의 소유자 이재수 장군의 명복을 빕니다.

비록 105미리 예포의 포성과 늠름한 의장대의 사열은 없지만 지면으로나마 전역인사를 전할 수 있다는 것이 감사합니다. 사람이 마음으로 자기의 길을 계획할지라도 그 걸음을 인도하시는 이는 여호와이심을 믿습니다.

2019년 4월 30일 새벽

예비역 육군대장 박 찬 주

H. 장군의 명예, 동기생 이재수
前 기무사령관의 죽음

 문재인 정권이 정부 출범과 동시에 가장 역점을 두고 진행된 '적폐청산'은 국가권력을 이용해 반대 세력을 약화시키고 정권의 이익을 도모하려는 의도였음이 분명해졌다. 청산의 대상은 대한민국의 건국 이념과 자유민주주의의 헌법적 가치를 지켜온 우리 사회의 주류였다는 점에서 반(反)헌법적이고 반역사적이다. 정부 부처별로 각종 위원회를 급조해 이전 정부의 실정을 파헤치는 것이 문재인 정부 전반기 국정의 핵심이라 해도 과언이 아니었다. 법의 심판에 앞서 여론재판이 진행되었고, 조롱과 수모를 통한 인격살인이 뒤를 이었다.

 이런 근본적 문제를 차치하더라도, 지난 정부의 탄핵을 딛고 등장한 정권이라면 흩어진 민심을 통합해 미래로 나아가야 하는 게 상식이다. 그러나 문재인 정권은 정반대 였다. 철저하게 편을 가르고, 지지하지 않는 국민을 주적(主敵)인 양 간주하면서 그들을 적대시 하여 왔다.

국민들이 더욱 놀란 것은 이 정권 참여자들의 비정상적이고 이기적인 삶의 궤적 자체가 아니라, 부끄러움을 모르는 위선과 이중성이다. 동물의 왕국에서나 볼 수 있는 모습을 인간 사회에서 볼 수 있다는 게 신기할 지경이었다.

문재인 정권은 40년간 국가를 위해 헌신한 이재수 전 기무사령관을 죽음으로 몰아넣었다. 기무부대가 민간인을 사찰했다는 혐의로 검찰 조사를 받던 이 전 기무사령관은 포토라인에 서서 "당시 기무부대는 본연의 임무에 최선을 다했으며 한 점 부끄럼이 없다"고 당당하게 밝혔다. 그러나 구속적부심에 참여하기 위해 법원에 들어서는 그는 포승줄에 묶인 채로 언론에 노출됐다. 나라를 위해 40년 동안 헌신한 장성을 흉악범처럼 취급해 포승줄에 묶어 언론에 공개한 것이다.

법원이 도주의 우려가 없고 범죄 혐의에 다툴 여지가 있다며 영장을 기각한 것으로 보아 이 장군을 흉악범 취급한 것은 모욕을 주기 위한 것으로 의심할 수밖에 없다. 이 전 기무사령관은 스스로 생을 마감했다. 참담한 죽음 앞에 군통수권자가 자유로울 수 없다. 이재수 장군은 사건과 관련된 부하를 걱정하고 영장을 기각한 판사를 걱정하며 떠났다.

필자는 기갑병과 장교로 임관해 군 생활 40년의 대부분을 탱크 및 장갑차와 지내왔다. 기계화부대가 야외 훈련을 할 때 기무부대는 훈련지역 주민들이 불편을 느끼거나 해를 입을 수 있는 조건 등을 파악해 지휘관에게 조언한다. 세월호 참사가 일어났을 때는 全 국가적 역량이 집중됐던 터 아닌가. 군 역시 많은 장비와 병력을 투입했고, 투입된 군 부대를 지원하기 위해 당연히 기무부대가 현장에서 함께 활동했을 것이다. 대통령은 이 전 기무사령관의 안타까운 죽음에 대해 한마디 언급도 없었다. 군수뇌부는 눈치를 보며 장례식장에 조문을 해야 하는지 여부를 두고 회의까지 했다고 한다.

그랬던 대통령이 자기 진영과 관련된 일에는 인권과 인륜을 거론하고 있으니, 그의 지독한 이중성을 다시 느낄 수 밖에 없었다.

계엄령 문건 파동만 해도 그렇다. 군대에서 유사시를 가정한 다양한 대비는 군의 고유 임무다. 군대를 허물어 버리겠다는 의도가 아니고서야 군 통수권자가 그것도 해외에서 비장하게 수사를 지시할 사안이 아니었다. 이 모든 권력 남용의 중심에는 대통령이 있었다. 문재인 대통령은 이재수 장군의 무덤에 가서 무릎을 꿇고 용서를 빌어야 한다.

I. 고난이 준 일곱가지 신앙적 교훈

나는 기독교인이다. 기독신앙은 부모님이 물려주신 정신적 유산이기도 하다. 신앙은 내 삶의 기초이면서 삶의 기준이고 삶의 방향이다. 신앙은 좋은 일이 있을 때는 늘 감사의 조건이 되고 어려운 일이 있을 때는 회개와 반성과 다짐의 조건이 되기도 한다.

예수 닮아가는 삶, 그것은 진정한 행복의 근원이다. 사랑의 에너지는 분노의 에너지보다 강하다. 이 세상에서 죽음보다 강한 것은 사랑밖에는 없다. 그리스도인은 고난까지도 사랑하는 사람들이다.

우리 그리스도인에게 고난이란 단어를 제외 한다면 우리의 믿음과 신앙을 설명하기는 어렵다. 성경은 믿음의 선구자들에 대한 고난의 역사라 할 수 있다. 구약은 아브라함으로부터 이삭, 야곱과 요셉 및 다윗에 이르기까지 믿음의 선열들이 어떻게 고난을 극복하고 믿음의 길을 걸어갔는지를 기록하고 있고, 신약은 그리스도께서 인간의 모습으로 이 땅에 오셔서 십자가의 고난을 감당하시면서까지 우리를 구원하신 사역의 역사 그리고 그 제자들이 어떤 고난을 극복하면서 복음을 지키며 전파했는지를 기록한 것이다.

우리는 세상을 살아가면서 뜻하지 않은 고난을 겪게 되는데 나 역시 이러한 예기치 않은 큰 고난을 겪으면서 우리 그리스도인에게 고난이 어떤 의미를 갖는지, 어떤 자세를 가져야 하는지를 성찰하는 계기가 되었다. 전혀 예기치 않은 고난, 그것이 가져다 준 일곱가지 교훈을 정리해 보았다.

첫번째 교훈은 "인간은 한치 앞을 내다볼 수 없는 미약한 존재이며 미래는 하나님의 영역"이란 점이다.

나는 군에서 전략분야의 직책을 주로 수행하였고 군사전략가로서의 명성을 가지고 있었다. 전략가가 갖추어야 할 첫번째 능력은 바로 미래를 예측하는 것이다. 가능한 멀리 미래를 내다보고 그에 대한 군사력건설과 군사력운용 능력을 구비 하는 것이 군사전략가의 임무이고 작전/전술가는 현존 능력으로 현재의 위협에 대비하는 것이 역할이다.

그토록 오랫동안 전략분야에 근무해 오면서 미래를 예측해 왔지만 나는 나 자신의 일에 대해서는 불과 며칠 앞도 예상하지 못했다. 그 사실 자체가 나에게는 내가 얼마나 무기력한 존재인가를 절감하는 일이었으며 내가 얼마나 미약한 존재인가를 뼈아프게 체감하는 계기가 되었다. 나는 절대자 하나님 앞에 나의 교만을 회개하며 무릎을 꿇을 수밖에 없었다.

두번째 교훈은 "내 인생의 주관자는 자 자신이 아니다. 나는 피조물일 뿐 내 삶을 주관하시는 이는 하나님이시다." 는 점이다.

나는 나름대로 많은 것을 성취해 왔다. 인간적 차원에서 보면 어쩌면 경이로운 수준의 성취였을지도 모른다. 그러나 그것도 하나님이 거두시면 하루아침에 무너질 수 있는 것이었다. 공관병 갑질이라는 전혀 예상치 못한 일로 국민적 따가운 시선을 받으며 지탄의 대상이 되면서 합리적이고 창의적이며 따뜻한 리더십의 소유자라는 나의 명성은 하루 아침에 무력화 되었다. 왜 하나님은 자신의 백성에게 고난을 주시는 걸까 하는 근본적인 질문, 어린아이 같은 기초적인 의문을 던질 수밖에 없었다.

요한복음 9장에 보면 이러한 내용이 나온다. 예수님께서 길을 가시다가 태어날 때부터 맹인이었던 사람을 만났는데 제자들이 예수님께 물었다. "랍비여, 이 사람이 맹인으로 태어난 것이 누구의 죄 때문입니까. 자기자신의 죄 때문입니까 아니면 그 부모의 죄 때문입니까"

그러자 주님께서는 이렇게 대답하신다. "이 사람이나 그 부모의 죄로 인한 것이 아니라 그에게서 하나님이 하시는 일을 나타내고자 하심이라" 하시며 침을 뱉어 진흙에 이긴 후 눈에 바르시고 말씀하시기를 실로암 못에 가서 씻으라 하시니 이에 그가 가서 씻고 밝은 눈으로 왔다. 실로암을 번역하면 보냄을 받았다는 뜻이다.

주의 백성이 시련을 겪는다는 것은 모두 다 하나님의 섭리하심이니 우리가 겪는 시련과 고난은 주가 하시고자 하는 일을 나타내려는 도구로 쓰시려 함을 깨닫는 계기가 되었다.

세번째 교훈은 "고난은 하나님과의 관계를 재정립하는 과정"이란 점이다.

우리에게 고난이 온다는 것은 하나님께서 우리와의 올바른 관계를 갖기를 원하시는 것이다. 성경에 나오는 믿음의 선조들도 한결같이 고난을 통해 새로운 언약을 맺고 영광의 길을 걸어 갔다.

애굽에서 노예로 지내던 이스라엘 민족이 모세의 지도에 따라 애굽을 탈출한 후 곧 바로 가나안으로 들어간 것은 아니다. 그 들은 광야에서 40년을 보냈고 하나님과 새로운 언약을 맺은 뒤에야 비로소 가나안에 들어 갈 수 있었다.

우리 기독교인들은 고난은 축복의 통로라고 말한다. 언어적으로는 논리적 모순처럼 들릴지 모르지만 신앙적으로는 진리라 할 수 있다. 내가 순조롭게 전역을 하여 은퇴생활을 하고 있더라면 내 삶이 어쩌면 무기력한 생활이었을 지도 모른다. 오히려 고난과 시련을 통해 다시금 영적으로 거듭나고 분노의 에너지를 새로운 도전과 희망의 에너지로 바꿀 수 있는 계기가 되었다고 믿는다.

네번째 교훈은 "그리스도인에게 고난은 정죄의 수단이 아니고 연단의 수단"이라는 점이다.

고난은 버림받음이 아니라 하나님의 섭리 즉 계획이 구현되는 과정일 뿐이다. 고린도전서 10장13절은 이렇게 말씀하신다. "사람이 감당할 시험 밖에는 너희가 당한 것이 없나니 오직 하나님은 미쁘사 너희가 감당하지 못할 시험 당함을 허락하지 아니하시고, 시험 당할 즈음에 또한 피할 길을 내사 너희로 능히 감당하게 하시느니라."

의인의 고난과 연단에 대해서 가장 잘 나타나 있는 성경의 인물은 그리스도인에게 잘 알려진 욥이란 사람이다. 욥은 당대의 의인이었다. 그럼에도 사탄은 이런 평가를 하게 되었다. "욥이 하나님으로부터 큰 축복을 받아 많은 가축과 토지를 갖게 되고 자식들이 번성하니 하나님을 경외하는 것은 당연하다. 욥이 까닭 없이 여호와를 경외할까. 욥이 모든 소유를 잃더라도 과연 하나님을 원망하지 않고 섬기겠는가"

사탄은 하나님의 허락을 받아 욥을 시험하기에 이른다. 욥은 자녀와 재산을 잃었으나 하나님을 향하여 원망하지 않았고 건강을 잃었으나 입술로 범죄하지 않았다. 모든 것을 잃은 후에도 욥의 고백은 한결같았다. "내가 가는 길을 그가 아시나니 그가 나를 단련하신 후에는 내가 순금같이 되어 나오리라"

고난을 견디어 낸 욥에게 하나님은 곤경을 돌이키시고 이전 보다 갑절이나 많은 소유를 허락하셨다. 그 후에 욥은 백사십년을 더 살며 4대 후손을 보고 죽었다.

고난은 버림받음이 아니다. 하나님의 섭리와 계획이 구현되는 과정임을 나는 믿는다. 시련이 인내를 낳고, 인내가 연단을 낳고, 연단이 소망을 낳는 것이다.

다섯번째 교훈은 "고난 중에도 하나님의 때와 방법을 기다려야 한다"는 것이다.

인간은 나약한 존재이기 때문에 고난이 닥치면 간절함과 절박함으로 하나님께 매달릴 수 밖에 없다. 당장 이 고난에서 해방시켜 달라고 부르짖는다. 시련을 당해 신앙인으로서 하나님께 매달린다는 것은 당연하고 또한 바람직한 태도일 것이다. 그러나 우리가 고통 당할 때 하나님은 즉각적으로 우리의 부르짖음에 응답하는 것은 아니다. 하나님의 때에 하나님의 방법을 통해 해결하신다는 점을 기억해야 하며 인내심을 가지고 그 때를 기다릴 수 있어야 한다.

실존주의 문학의 선구자로 일컬어지는 유대계 독일인 극작가 프란츠 카프카는 "모든 죄악의 근원은 조바심과 게으름"이라고 했다.

여섯번째 교훈은 "고난 가운데에서도 새로운 사명을 준비해야 한다"는 것이다.

위기는 항상 기회와 함께 온다고 말한다. Pinch is Chance라는 말도 있다. 고난에 묻혀 분노와 불안에 떨면서 그 고난에서 벗어날 생각만 하고 있다 보면 주님의 섭리하심을 헤아리기 어렵다. 어차피 주님이 주신 고난이라면 주님께서 해결하실 수 있는 일이다. 이 믿음만 가지고 있다면 우리는 평온을 잃지 않고 고난을 해결할 수 있을 것이다.

우리 대한민국은 기독교 신앙1세대의 치열하고 열정적인 신앙의 힘으로 일어섰고 나와 같은 신앙2세대들이 축복을 받았다고 생각한다. 해방 후 한미동맹을 통해 기독교의 복음이 물밀 듯 이 땅에 스며들었고 이제 대한민국은 동방의 이스라엘로 불리우며 복음의 증거가 되었는데 민족복음화의 사명은 북한의 복음화가 이루어져야만 완성되는 것이다. 북한이 개방되고 종교의 자유가 보장되며 복음이 전파될 때 통일도 자연스럽게 이루어질 수 있을 것이다.

나는 40년 군생활 중에도 기독교의 다음세대를 어떻게 양육할 것인가에 대한 소명의식을 느껴왔다. 그리고 군복음화는 민족복음화의 중요한 통로라는 신념을 갖고 있었다. 매년 20여만명의 장정들이 군대에 오는데 이들 중 제대로 종교를 접해본 인원은 불과 4%에 지나지 않는다. 신앙전력화는 군생활에 있어서 중요한 요소가 아닐 수 없다. 나는 현역 장군시절 한국기독군인연합회(KMCF) 사무총장을 오랫동안 맡으면서 1인 1종교 운동과 함께 적극적인 세례 활동을 통해 기독군인 배가 운동을 전개하였다.

공관병갑질 문제로 조사를 받을 때 나는 군생활 중 나의 종교활동과 관련하여서도 군검찰의 집중적인 조사를 받았고 그 과정에서 치열한 공방이 있었다. 군검찰에서는 내가 지휘권을 남용하여 종교확장에 이용했다고 주장하면서 특히 제2작전사령관시절 대구에서 열리는 민군합동성회에 군복을 입고 나가 인사말을 함으로써 종교적 중립의무를 위반 했다는 것과 그 인사말 중에 '군대는 복음의 황금어장'이란 표현을 썼는데 그것은 장병을 비하한 발언이고 지휘권을 남용한 발언이라는 것이다.

그러나 그 행사는 6.25전쟁기념일을 맞아 대구에 있는 민간 기독교인과 기독군인들이 모여서 과거부터 연례적으로 해왔던 행사였고 나는 지휘관이라기 보다는 기독군인중 선임장교로서 참여한 것이었으며 그 때 수천명의 장병들이 군복차림으로 참여했기 때문에 내가 군복을 입은 것은 당연하고 군의 종교적 중립과는 무관한 것이라는 점을 주장하였다.

실제 과거 지휘관의 종교가 기독교가 아닌 경우에는 기독교인중 최선임자가 대표로 인사말을 하는 관례가 있었다. 군대는 복음의 황금어장이란 표현은 한국기독군인연합회와 이를 후원하는 군선교연합회의 모토이기도 하다. 땅끝까지 이르러 복음을 전파하고 주님나라를 확장하는 것은 주님이 우리에게 주신 사명이다. 종교적 표현을 사법적 잣대로 정죄한다면 그것은 하나님의 뜻을 거역하는 것이다.

만약 이 문제를 가지고 나를 기소한다면 나는 순교한다는 자세로 재판에 임할 것이고 반드시 이길 것이라는 자신감을 갖고 있었다. 이러한 사례를 보면 독자들은 당시 내가 얼마나 광범위한 조사를 받았는지 가늠할 수가 있을 것이다. 특히 공군에서 복무 중이던 둘째 아들에 대해서는 수차례 수사관들이 부대로 찾아와서 휴가를 더 간 것은 없는지 보직에 특혜를 받은 것은 없는지 그야말로 먼지 털이 식으로 조사를 진행 했었다.

결국 종교에 관한 지휘권남용 혐의는 무혐의 처분되었다.

나는 이제 자유로운 민간인 신분이 되었고 군에서 받은 소명을 어떻게 이어갈 지를 기다리고 있다. 내가 원하는 나라는 그리스도의 공의가 강 같이 흐르고 그리스도의 사랑과 질서로 움직이는 나라이다. 그 꿈을 나는 계속 꾸고 있다.

마지막 일곱 번 째 교훈은 "너희를 박해하는 자를 위하여 기도하라"는 것이다.

마태복음 5장 44절은 "나는 너희에게 이르노니 원수를 사랑하며 너희를 박해하는 자를 위하여 기도하라" 고 말씀하신다.

또한 마태복음 5장 10절은 "의를 위하여 박해를 받는 자는 복이 있나니 천국이 그들의 것임이라. 나로 말미암아 너희를 욕하고 박해하고 거짓으로 너희를 거슬러 모든 악한 말을 할 때에는 너희에게 복이 있나니 기뻐하고 즐거워하라. 하늘에서 너희의 상이 큼이라"고 말씀하시고 있다.

그리고 창세기 50장 20절은 "당신들은 나를 해하려 하였으나 하나님은 그것을 선으로 바꾸사…"라고 말씀하시고 있다. 이처럼 그리스도인에게 고난이란 축복의 통로이고 하나님께서 새로운 관계를 맺으신 후에 더 나은 길로 예비하시는 수단임을 나는 믿는다.

제3부

정치와의 만남

A. 인재영입 1호 파동과 정치 참여

2019년 여름, 자유한국당 황교안 대표의 비서실로부터 연락이 왔다. 대표님께서 한번 만나길 원한다며 시간을 잡자는 것이었다. 그 때 당시 나는 전역 후 민간인 신분이었고 2019년 4월 2심 재판에서 중요 혐의였던 뇌물죄에 대해 무죄 선고를 받고 대법원의 최종 판결을 기다리던 시기였다.

황대표께서 만나자고 하는 것은 입당권유 일텐데 정치에 대한 고민이 없었을 뿐만 아니라 아직 형이 확정되지 않은 상태에서 입당하는 것은 당에도 부담이 될 것 같고 나 자신도 마음이 편치 않은 시기였다. 나는 다음기회에 뵙겠다고 정중히 거절하였다.

그 후에도 몇차례 연락이 왔지만 이리저리 미루었다. 그러다가 초가을쯤 연락이 오기를 황대표님이 지방 순회 중이신데 올라 오시는 길에 대전에서 한번 보자고 하신다는 것이다. 나는 더 이상 거절하는 것도 예의가 아니라는 생각이 들었고 약속장소인 대전 대덕구에 있는 모호

텔 조그마한 미팅룸으로 나갔다. 황대표님은 내가 현역대장 시절 국무총리와 대통령 권한대행으로 모셨던 분이고 나보다는 한 살 위다.

황대표님은 나에게 그동안 마음 고생 많았다고 격려하신 후 이제 마음 편히 입당해서 함께 일하자고 하시는 것이었다. 각 지방을 순회하시면서 고된 일정을 소화하시는 중이어서 인지 많이 지쳐 있는 모습이었다. 대통령 권한대행 시절 뵈었을 때 보다는 수척해 보이셨다.

나는 감사하다고 말씀드렸다. 그러면서 아직 대법원 최종판결이 남아있으니 대법원 확정판결을 받은 후 불러 주시면 최선을 다해 보좌해 드리겠다고 말씀드렸다. 황대표께서는 "대법원 신경쓰지 마라. 사건자체가 별거 아닌데다가 뒤집어지는 일은 없을 것이니 마음 편하게 가졌으면 좋겠다." 고 위로 하셨다. 참 감사한 마음이었다. 한시간 정도 이런 저런 세상 돌아가는 말씀을 하셨는데 빠듯한 공식일정 속에서 잠시 편하게 대화하는 시간을 갖고 싶어하시는 마음을 엿볼 수 있었다.

2019년 10월 대법원은 뇌물죄에 대해 무죄를 확정해 주었다. 나는 한결 마음이 편해졌고 자신감을 갖게 되었다. 지금까지 2년 넘게 지속되어온 거친 시련의 끝이 보이는 듯 했다. 그 기간은 그야말로 국가권력의 남용에 의한 비겁한 린치 행위였다는 생각이 들었다, 그 과정에서 나는 한번도 비굴하거나 위축된 적은 없다. 40년간 국가방위를 위해 험난한 직업군인의 길을 걸어 왔는데 누가 감히 나의 명예에 도전할 수 있다는 말인가.

2019년 가을에 접어들면서 당시 야당이던 미래한국당은 새로운 인물들을 영입하며 2020년 4.15총선을 향해 준비하고 있었다. 총선 정국이 서서히 달아오르고 있었던 것이다. 그러던 어느 날 황교안 대표로부터 전화가 왔다. 단계별로 인재영입을 추진하는데 이번에 1차로 들어올 수 있느냐는 것이었다. 나는 "당이 결심하면 저는 무엇이든 합니다." 라고 답변하였고 몇시간 뒤에 실무진에서 전화가 와서 인재영입 행사에 관한 안내를 해주었다.

엄밀히 얘기하면 인재영입 1호라기 보다는 1차 인재영입이라 하는 게 정확할 것으로 보인다. 그런데 그 과정에서 사전 조율 없이 최고위원회에 동의를 구하다 보니 영문을 모르는 최고위원들의 반발이 있었던 것이다.

최고위원들이 중지를 모은 후 당대표에게 이의를 제기하는 당내절차를 밟아서 조정했다면 바람직 했을 것이다. 그러나 최고위원들이 이 사실을 각자 언론을 통해서 불만을 제기하는 바람에 여과없이 여당의 공세와 여론의 비판에 직면하게 되었다. 최고위원들의 조치는 서투른 방식이었다.

나에게 인재영입 1호라는 명예를 주는 것은 나에게 과분하다. 그리고 내가 그런 종류의 명예를 원하는 것도 아니다. 내 개인적인 생각에도 인재영입 1호라 하면 서민들과 중도층을 겨냥하여 장애인이나 여성, 소외계층을 대변하는 사람이 선정되었으면 좋았을 것으로 보인다. 나는 그저 여러 명의 안보전문가중에 한사람으로 포함시켰다면 무난했을지도 모른다.

그러나 문재인 정부의 위법적이고 정략적인 적폐청산, 그것이 얼마나 반헌법적이고 반역사적인 일인가. 상대세력을 탄압하기 위해 국가권력을 남용한 반헌법적 적폐청산의 상징성 차원에서 본다면 나도 인재영입 1호의 의미가 없는 것은 아니었다. 적폐청산이라는 명분으로 문재인 정부가 얼마나 많은 위법과 편법을 동원하였나.

사법부에서는 역사상 최초로 대법원장이 구속되었고 기업에서는 세계적 기업을 이끌어가는 이재용 삼성부회장이 표적이 되었다. 나는 군의 대표로 타깃이 되었고 가짜평화를 추진하기 위한 군대 길들이기의 수단으로 이용되었다. 이미 민간인 신분이 되었음에도 군사법원에 기소하기 위한 목적으로 전역을 방해하고 현역대장을 85일간 불법구금시킨 정권이다. 선진국의 경우는 군 고위장성이 불법에 연루되면 전역조치하여 신분을 전환시킨 후 사법처리하는 것이 관례이다. 제복과 계급의 명예를 보호하기 위해서다.

공관병 갑질에서 혐의를 못 찾으면 거기서 끝냈어야 한다. 그러나 별건의 별건수사로 억지 기소함으로써 그 흥행을 이어가려 한 것이다. 그 이후 나는 무죄판결을 받았으나 그 때는 이미 국민적 관심이 사라졌을 때이다.

인재영입 문제가 여론을 악화시키자 나와 친분이 있던 정미경 최고위원이 전화를 걸어왔다. 스스로 사퇴하여 황대표의 부담을 덜어주는 것이 어떻겠냐는 것이다. 나는 흔쾌히 동의하고 황대표님께 전화를 드렸더니 황대표님은 "알겠다. 정말 미안하다. 다음 기회를 보자"고 말씀하셨다.

그 뒤에 몇 주 시간이 흐른 후 조경태 최고위원을 만났는데 조의원은 나에게 인재영입과정에 대해 유감을 표시하면서 "그 때 당시 박대장님의 영입자체를 반대 했던 것은 아니고 꼭 1호 여야 하느냐는 문제제기가 있었다"고 해명해 주었다.

나는 인재영입 파동에 대해서는 처음부터 지금까지 덤덤했고 서운할 것도 없었다. 아쉬움이 있을 수 있겠지만 세상에 모든 게 잘 돌아갈 수는 없는 것 아닌가. 나를 생각해 주신 황교안 대표님께 감사한 마음만 남아 있을 뿐이다.

B. 21대 총선, 경선의 기회 없이 공천 배제

2019년 10월 대법원은 상고심에서 뇌물죄에 대한 2심의 무죄를 확정해 주었다. 무죄확정과 인재영입 파동은 나에게 정치참여의 동기가 되었다. 4.15총선이 6개월 밖에 남지 않은 시점에서 나는 내가 태어나고 자란 충남 천안시로 가서 총선에 출마 하겠다는 생각을 하게 되었는데 사실상 의지만 다졌을 뿐 어떤 준비가 갖추어진 상태는 아니었다.

내가 거처하고 있는 논계금(논산/계룡/금산) 지역구 역시 총선출마에 있어서 하나의 고려사항이었다. 논계금은 많은 예비역들이 거주하는 지역인데 많은 분들이 찾아와서 총선출마를 요청하기도 하였다.

그러나 논산에는 이인제라는 정치거물이 존재하고 있었다. 이인제 前지사님은 세번씩이나 계룡으로 나를 찾아 오셨다. 그 동안 내가 겪은 고난에 대해 위로해 주셨고 과거 걸어오신 길을 회고하시면서 정치 초년생인 나에게 많은 가르침을 주셨다.

이인제 前지사님은 평소부터 내가 호감을 많이 갖고 있던 분이다.

그 분의 가장 큰 매력은 말씀하시는 것을 적으면 그대로 문장이 되는 분이라는 점이다. 항상 명확하고 절제된 논리와 표현은 현대정치사에서 누구도 따라가기 어려운 그 분만의 장점이 있다고 생각한다. 정치 풍운아로서 현대정치사를 헤쳐온 분이 계시니 논계금은 이 분에게 맡기고 나는 천안으로 가야겠다고 마음 먹었다.

천안은 갑, 을, 병 세개의 지역구로 나뉘어져 있는데 세 지역구 모두 더불어민주당이 현직 국회의원으로 활동하고 있었다. 천안지역이 보수가 약하지 않은 곳이었는데 그 동안 자민련, 선진당 등 충청기반 제3당들이 세를 유지 하면서 보수가 나뉘어 져 있다가 주도권을 진보여당에 넘겨주면서 정치지형이 고착된 상황이었다.

때마침 더불어민주당 출신 천안시장도 불미스런 일로 자리에서 물러남에 따라 천안시장 보궐선거도 4.15총선과 함께 치르게 되었다. 한마디로 큰 판이 벌어진 것이다.

천안은 충남의 수부도시로서 천안/아산 지역은 충남 15개 시,군 유권자의 과반에 육박하는 전략적 지역이다. 충남 11개 지역구에서 천안/아산이 5개 지역구를 차지 한다. 반면에 천안에는 여야를 막론하고 현대정치사에 족적을 남긴 큰 정치인은 부재한 편이다.

2019년 늦가을 나는 2020년 4.15총선 출마를 위해 천안에 거처를 마련하고 본격적인 선거준비에 들어갔다. 내가 태어나 자란 '성성동 사라리'는 천안 "乙"에 해당하기 때문에 일단 천안을 국회의원 예비후보로 등록하였다. 내가 乙 지역구를 택한 이유 중 또 다른 하나는 상대가 민주당 재선의원이고 젊은 층이 많이 사는 신도시 지역이기 때문에 이왕이면 어려운 지역에서 도전하여 천안의 정치지형을 회복하겠다는 의지가 작용하였다.

나로서는 꼭 국회의원이 되어야겠다는 개인적인 목표 보다는 나라가 총체적으로 기울어져 가는데 뒷짐 짓고 있는 것만이 능사가 아니라는 생각이 있었고 지금 같은 상황에서는 어느 누구든 할 수 있는 일을 해야 한다는 신념이 있었다.

내가 천안에 내려오자 자연스럽게 소문은 소문대로 나고 점차 여론이 조성되고 있다는 느낌을 받았다. 다행스럽게도 이런저런 통로를 통하여 알음알음 함께 할 참모들이 구성되었다. 주요 목에 선거사무실도 마련하고 건물에 플랭카드도 설치하여 오고 가는 차량에서 내 이름과 사진이 익숙해 지도록 노력하였다. 예비후보자의 신분으로 이른 아침부터 저녁 늦게 까지 다양한 활동을 전개하였는데 이른 새벽에는 주로 산악회에서 등산을 위해 출발하는 분들에게 인사를 드리고 출근시간에는 주요 교차로에서 피켓을 들고 존재감을 알리는 활동을 했다. 나머지 시간에는 각종 행사장 방문과 상가방문 등이 주요 일정이었다.

흔히 선거에서는 '인지도가 지지도를 만든다' 라는 말이 있다. 정치입문자들은 처음 인지도를 알리는 일이 중요할 수 밖에 없어서 별별 아이디어를 동원하여 인지도를 높이려는 노력을 한다. 긍정적 인지도이든 부정적 인지도이든 마다하지 않는다.

다행이랄까 나의 경우는 인지도에 있어서는 대한민국 모든 국민이 알고 있는 상황이었다. "아니 그 박찬주 대장이 천안사람 이었단 말이여?" 뒤늦게 알게 된 천안 사람들은 더욱 호기심을 느끼면서 관심을 갖는 계기가 되었다.

나에 대한 천안시민들의 감정은 한마디로 "우리 천안사람이 너무 매도를 당했다. 화가 난다. 한번 도와주자" 였다. 특히 군대를 갔다 온 남자들은 나를 만날 때마다 "군대가 왜 이러냐. 있을 수 없는 일이다. 대장님 힘내시라. 도와드리고 싶다." 는 게 공통된 반응이었다.

여성들의 경우는 호기심과 동정심이 작용하는 듯 했다. 어느 경우든 나를 배척하는 모습을 본 경우는 없었다. 내가 사거리 피켓 시위 코스를 하루 전 인스타그램에 공개하는데 그 일정을 보고 미리 사거리에 나와 있다가 응원해 주고 가는 여성분들도 있었다.

내가 천안에서 초중고등학교를 다닌 점도 긍정적으로 작용되었다. 내가 다닌 환서 초등학교는 한 때 폐교의 위기까지 있었으나 학생수가 2500명이 넘는 충남 최대의 학교가 되어 있었다. 천안이란 도시는 내가 어렸을 때 10만의 도시였으나 40년 만에 70만의 대도시로 성장하였다. 흔히 천안유권자의 30%가 소위 본토배기이고 50%는 이주하여 정착한 분들이고 나머지 20%는 잠시 머무는 사람들이라 분석한다. 주소지를 천안에 두지 않고 아산이나 수도권에서 출퇴근 하는 인구도 상당하다.

내가 의미를 두는 유권자는 이주하여 정착한 50%였다. 이 분들은 주로 충청권을 중심으로 전라도, 경상도, 수도권 등지에서 이사 왔고 자녀들이 천안에서 태어나 학교를 다니는 학부형들이기도 하다.

내가 유세복을 입고 거리를 다니다 보면 먼저 다가와서 "내 아들이 천고 다녀유" "내 아들이 북중 다녀유" 하면서 반가워하는 분들이 의외로 많았다. 자기 자신은 천안에서 자라지 않았지만 자녀들의 고향이 이제 천안이 되었으니까 나름 천안에 대한 애향심이 생긴 것이다. 어쩌면 이런 분들이 본토배기 보다 더 애향심이 클 지도 모른다는 생각이 들었다. 그래서 천안에 온지 30년 됐다는 분들에게 "저는 천안에서

20년 밖에 안 살았시유. 선생님이 저 보다 더 천안분 이네유"하고 농담을 하면 한결같이 박장대소하시면서 호감을 나타내신다.

참모들은 거리 반응은 현실과 차이가 있을 수 있다면서 주기적인 여론조사를 건의하였다. 본인들도 거리 여론에 흥분을 감추지 못하면서도 좀 더 확실한 데이터를 갖고 싶었던 것이다. 그것은 나도 마찬가지였다. 비록 비용이 소요되지만 나는 다른 비용을 줄이더라도 가급적 자주 여론조사를 의뢰하기로 마음 먹었다.

여론조사 결과는 거리 반응과 크게 다르지 않았다. 당내 예비후보 경쟁력에서는 압도적이었고 민주당 현역의원에게도 상당히 앞서는 결과였다. 우리 캠프 이름은 "찬스캠프" 였는데 캠프의 사기는 계속 올라갔다.

선거와 스포츠, 戰鬪는 흡사한 점이 많다. 그 중에서도 선거와 전투는 무승부가 없으며 승자독식이란 특징을 갖는다. 그래서 매력적이다. 나는 군에서도 실전적 경험을 위한 雙方훈련을 많이 해본 경험이 있다. 중대장, 대대장, 연대장 재직시에는 주기적으로 雙方훈련을 통해 평가를 받는다.

雙方훈련에 있어서 중요한 관건은 어떻게 하면 실전에 가까운 공정한 교전심판제도를 운영하느냐에 달려있다. 가장 완벽한 교전심판은 실제 총쏘고 포쏘고 싸우는 것이겠지만 평시 훈련하면서 사람이 죽어 나가는 싸움을 할 수는 없지 않은가. 그래서 군에서는 온갖 과학적 기법과 정량/정성적 기법을 총동원하여 두 부대의 전투를 공정하게 심판하려 노력한다. 그러나 그런 노력에도 불구하고 항상 교전심판에 대한 공정성이 제기되곤 한다. 어쩌면 그것은 영원히 해결할 수 없는 과제일지도 모른다.

그러나 선거는 매우 명쾌하게 숫자로 승패가 결정이 된다는 점에서 매력적이다. 단 한표 차이 까지도 정확히 승패가 판정이 나지 않는가. 그 점은 직업군인 이었던 나에게는 매우 흥분을 갖게 하는 일이었다.

열정과 흥미를 가지고 임했던 총선도전은 결국 물거품이 됐다. 내가 입당한 자유한국당은 미래통합당으로 당명이 바뀌고 총선을 위한 공천관리위원회가 구성되었다. 공천심사를 위해 여의도 의원회관에 가서 보니 공천관리위원들은 마치 이번 선거는 이긴 선거나 마찬가지라는 오만이 넘쳐 있었다. 정권심판론이 확산되다 보니 아무나 공천을 주어도 당선될 거라는 자신감에 젖어 있었고 그것은 공천이 아니라 자기 사람 심기위한 사천으로 흐르게 된 원인이 되었다.

미래통합당 공천관리위원회는 나를 경선의 기회도 없이 공천에서 배제 하였다. 충분히 이길수는 후보를 막연한 이유로 배제한 지역구가 전국적으로 30~40석에 이른다는 분석이다.

이러한 미래통합당의 교만한 분위기 때문에 충남 지역의 여론과 분위기는 서서히 정권심판론에서 야당심판론으로 바뀌어 갔다. 전국적인 여론도 크게 다르지 않았다. 4.15 총선에서 미래통합당은 참패했다. 그것은 내가 이미 예상한 결과였다. 수십년 정치 생활을 해온 사람들도 정치초년생의 촉 보다 더 무디구나 하는 생각이 들었다. 참패한 이유는 공천에 사심이 개입되고 전체적인 판단의 시야가 좁아졌기 때문이다.

군대의 전투도 마찬가지다. 전장상황은 항상 大關細察, 먼저 크게 개관하고 구체적인 국면을 들여다 봐야 한다. 막연한 편향에 함몰되다가는 부대전체를 사지로 몰아넣을 수도 있다. 1942년 솔로몬군도의 동남단 과달카날 섬에서 전체 상황을 파악하지 못하고 오직 맹목적인 사무라이 정신으로 공격을 하다가 전멸 당한 이치키 부대가 떠올랐다.

결국 나는 21대 총선에서 경선의 기회를 갖지도 못하고 공천에서 탈락되었다. 미래 통합당은 안이한 정세 판단으로 대패했고 그 원인은 공천 참사였다. 총선후 미래통합당에서 국민의힘으로 당명이 바뀌었다.

C. 평당원에서 도당위원장으로

4.15총선 이후 나는 덤덤한 마음으로 지냈지만 미안한 것은 나를 도와 밤낮으로 고생해 준 선거캠프 참모들과 나를 지지해 준 유권자 들이었다. 나는 그동안 도와준 분들을 만나며 모처럼 한가한 시간을 보내게 되었다.

4.15 총선참패 이후 미래통합당은 선거참패의 후유증에 시달리는 듯 했다. 최선을 다해 졌으면 덜 했을 텐데 참패이유가 우리 스스로의 공천 잘못에 있었기 때문에 당원들의 분노가 심했다.

선거 후 몇 달이 지난 2020년 7월 고향친구인 안상국 前 시의원은 비록 공천에서 탈락하여 아쉽지만 어쨌든 당에서 어떤 직책을 맡아야 하지 않느냐 면서 충남도당위원장 선거에 출마할 것을 권유하였다. 나는 평당원이 도당위원장에 출마해도 되느냐고 물었고 친구는 가능하다면서 출마를 적극 권유하였다. 승산이 있다는 것이다.

결국 도당위원장 선출선거에 출마하여 비록 짧은 기간의 선거기간이었지만 지난 번 총선에서의 경험을 살려 최선을 다했고 결과는 3명의 후보중 압도적인 표차이로 도당위원장에 당선되었다. 정치에 발들인 후 첫번째 선거에서 당선된 것이었다.

D. 내가 현실정치에서 깨달은 몇가지

정치 참여 1년 동안에 나는 자유한국당 - 미래통합당 - 국민의 힘이라는 세개의 당적을 갖게 되었다. 기간은 비록 짧았지만 그 만큼 많은 변화를 현장에서 겪은 셈이다.

나는 정치초년생으로 현실정치를 경험하면서 몇가지 깨우친 것이 있다.

첫째 나는 안보와 경제만 튼튼하면 나라에 걱정할 일이 뭐가 있겠나 하는 생각을 가지고 있었다.

그런데 그게 아니라는 걸 깨닫게 되었다. 아무리 경제가 잘 돌아가고 안보가 튼튼해도 정치가 잘못되면 나라가 무너질 수 있다는 것을 느낀 것이다. 결국 富國强兵, 잘사는 나라, 튼튼한 안보도 옳바른 정치가 뒷받침되지 않으면 바로 설 수 없다는 것, 그래서 어느 집단보다 정치가 건강해야 나라가 바로 설 수 있으며 정치가 올바른 지도자를 배출해야 부국강병도 가능하다는 것을 느낀 것이다.

둘째 나는 '정치란 시대 정신에 맞게 보다 나은 세상을 만드는 것'이라는 생각을 해 왔었다.

그러나 세상을 바꾸는 것도 중요하지만 그 이전에 세상을 지키는 것이 어려운 일이고 정치의 우선적 과업이라는 것을 깨닫게 되었다. 자유민주주의와 시장경제, 법치주의라는 헌법적 가치가 흔들리지 않도록 하는 것이 쉽지 않은 일이라는 것을 깨우친 것이다. 토대가 무너진 곳에 아무리 화려한 탑을 세워도 언제 무너질지 모른다는 생각이 들었다.

셋째 정치에는 정치가도 있지만 정치인도 있고 정치꾼도 있었다.

이념과 신념, 그리고 진정한 애국심을 가지고 국가의 현재는 물론 미래를 생각하며 정치를 하는 사람, 그래서 국가발전에 큰 족적을 남긴 분들이 정치가라 할 수 있다. 이승만, 박정희, 김영삼, 김대중 이런 분들은 가히 정치가라고 부를 수 있을 것이다. 그리고 그러한 정치가를 꿈꾸면서 나름 이념과 신념을 가지고 정치에 참여하는 분들은 정치인이라 부르고 싶다.

그러나 정치꾼은 뚜렷한 이념과 신념도 없이 정치기술에 의존하여 애국심을 버리고 계파의 이익에 집착하는 부류들이다. 그런 분들에게 계파의 이익이란 본인의 이익에 직결되기 때문에 계파이익이 우선시 될 뿐만 아니라 자신의 이익을 위해서는 계파도 당도 떠날 수 있는 사람들이다.

4.15공천참사 역시 당이 무너지더라도 우리 계파가 주도권만 잡으면 된다는 정치꾼들의 이기심에서 비롯되었다.

정치꾼 중에는 정치한량도 있다. 평생 스스로 이룬 것은 없고 부모가 물려준 부와 사회적 지위를 누리기 위한 場으로 정치를 택한 사람들이다. 이들은 딱히 하는 일도 없이 여의도와 강남 일식집을 전전하며 파벌을 조장하고 말을 만들며 잘못된 당론의 생산지 역할을 한다. 이들은 특히 언론인이나 언론꾼들과도 결탁되어 있다.

선거기간 거리를 다니다 보면 많은 시민들을 만나게 되는 데 나는 대한민국 국민 대부분이 진정한 애국자라는 것을 느꼈다. 모두가 진정으로 나라를 걱정하고 나라가 바로 서기를 바라고 나라가 잘되기를 원하고 있었다.

직업군인들은 본인들이 나라를 지키는 진정한 애국자라는 자부심을 갖고 있다. 그러나 나는 나라를 지키는 군인들보다 기업인들이야 말로 참다운 애국자라고 생각해 왔었다. 軍 생활중에도 가끔 참모들에게 이런 소견을 피력한 적이 있었다. "우리 군대는 중요한 임무를 수행하는 것은 맞지만 군대는 소비집단 아닌가. 그러나 기업인을 보라. 그들은 돈을 벌기 위해 모든 노력을 다한다. 일자리를 만들어 수많은 가정을 지켜주고 세금을 내서 국가운영을 뒷받침 한다. 기업인들은 망하면 모든 것을 잃고 목숨도 끊는다. 삼성, 현대와 같은 굴지의 기업들도 기업인들이 목숨 걸고 일군 것이다. 그 분들 덕분에 우리도 좋은 무기 생산해서 나라를 지키는 것 아니냐". 결론적으로 정치야 말로 가장 애국심이 결여된 집단이 아닌가 하는 생각이 들었다.

넷째로는 민주주의의 전당이 되어야 할 정당이 민주주의가 가장 취약하게 작동되는 곳이었다.

정당의 주인은 당원이다. 풀뿌리 민주주의가 건강해야 정당이 건강하고, 민초의 여론에 기반을 둔 민주적이고 합리적인 의사결정체계가 보장되어야 하는데 지금의 정당은 권위주의와 계파이기주의, 선사후당, 무대뽀, 막무가내가 스며 있는 곳이다.

정당의 주인은 당원이어야 한다. 중도의 확장은 정책으로만 이루어지는 것이 아니다. 당원들이 신바람이 나서 산토끼들과 놀다가 같이 집으로 데리고 와야 하는데 중앙당의 당원에 대한 배려는 너무나 취약하였고 4.15총선이후 당원의 사기는 최악이었다.

정당의 운명은 선거에서 결정된다. 선거는 이기는 선거를 해야 한다. 이기는 선거의 핵심은 공천이고 공천은 이길 수 있는 사람을 공천하는 것이 최선이며, 이길 수 있는 사람은 가장 많은 유권자의 지지를 받는 사람이면 된다. 이 단순한 원칙을 무시하고 개인의 친분과 정파의 이익을 우선시 하다 보니 민주주의 원리가 왜곡되는 것이다.

E. 보수의 침몰과 분열

이념 즉 Ideologie 란 어떤 것을 이상적으로 여기는 견해이며 추구하는 가치에 대한 신념을 일컫는다. 이념은 우리에게 생각과 행동의 기준을 마련해 주고 흔들림 없이 앞으로 나아갈 수 있는 동력을 제공한다.

무릇 중도란 아직 확고한 이념을 갖지 않은 계층이다. 정치에 관심이 적어 신념화 단계에 이르지 못하였거나 자신의 삶에 영향을 미치지 않는 일에 관심이 적은 계층이다.

보수가 침몰한 것은 우리의 가치와 이념에 소홀하면서 중도실용을 명분으로 한 정체성 상실에서 비롯되었다. 아이러니컬 하게도 한줌의 역사적 변종 바이러스에 불과하던 주사파 운동권들이 역사의 주류로 등장한 것은 이명박 대통령의 중도실용정책에서 비롯되었다고 나는 본다. 이명박 대통령은 취임사에서 "우리는 이념의 시대를 넘어 실용의 시대로 나가야 한다"고 주장했고 이렇게 해서 중도실용정책이 시작되었다.

압도적인 표차로 당선된 이명박 대통령에게는 김대중·노무현 정부 10년간 좌경화된 국가정체성을 바로 잡아야 할 시대적인 책무가 놓여 있었다. 하지만 그는 이 시대정신을 제대로 읽지 못했고, 좌파들과의 정면 승부를 피했다.

이명박 대통령은 망가진 국가 안보시스템과 국가정체성을 정상화 시키려는 노력을 시도하지 않았다. 건국이념과 헌법적 가치를 신념화한 보수정치인들을 외면하고 청와대는 진정한 보수가 아닌 정치 교수들의 취업 집단으로 변했다. 이때 폴리페서라는 신조어가 생겨났다. 반면에 야당에는 주사파들이 전면에 등장하게 된다.

중도실용 정책이 가져온 결과는 전방위적으로 이명박 정권을 흔들기 시작했고 이념적 기반이 튼튼하지 못하다 보니 마구 흔들리며 전전긍긍 할 수 밖에 없었다.

보수가 침몰한 두번째 이유는 분열 때문이다. 역사상 처음으로 국민의 과반 이상의 지지로 출범한 박근혜정부는 국가정체성을 회복하기 위한 시도는 있었으나 그 방법이 전략적이지 못했으며 정부와 국민간에 장막이 설치되었고 고립된 정부의 길을 걸었다. 그 뒤에 출범한 문재인정부가 진영중심의 과도하고 광범위한 중앙집권적 국가통제가 이루어졌다면 박근혜정부는 조직적 통제가 미흡한 채로 목표 없이 흘러가는 정부였고 진영이 아닌 측근에 위한 통치체제 였으며 그 모습이 중세시대의 왕정과 흡사하였다. 이러한 모습은 우파세력의 분열을 잉태한 배경이 되었다. 누구도 자신이 중심세력이라는 자부심을 가지지 못했고 대부분이 정권소외감을 갖게 된 것이다.

그 와중에 일어난 세월호 사건은 박근혜정부 몰락의 원인이라기 보다는 몰락이라는 가연성 물질에 점화제의 역할을 했을 뿐이다. 가장 큰 위기는 세월호 사건이 얼마나 큰 국가적 위기상황인지에 대한 위기인식이 부족했고 그것이 사회적 차원이 아닌 정치적 차원의 위기라는 인식도 존재하지 않았다. 단순한 비극적 사건이라는 평범한 시각만 드러냈을 뿐이다. 이러한 정치적 위기 상황에서는 정상적인 대응을 뛰어넘어 비정상적인 대처가 필요했다. 그러나 지나치게 차분한 대응은 무기력한 것으로 비춰졌고 진실이 담기지 못한 대처는 무책임한 것으로 표면화되었다.

최순실씨 사건이 세상에 드러나자 보수우파의 정치세력은 참지 못하고 비판자의 대열에 서기 시작했다. 탄핵은 정치적 행위이다. 따라서 국회의원들이 각각의 신념과 양심에 따라 탄핵의 대열에 동참하는 것을 옳고 그름의 기준으로 재단할 수는 없는 일이다. 그러나 한가지 분명한 것은 탄핵에 참여했다고 해서 승자의 자격을 가져서는 안된다는 것이다. 그것은 비겁한 행동이다. 탄핵에 참여한 것 까지는 비겁하다 할 수 없으나 탄핵 참여를 통하여 마치 승자가 된 것처럼 행동하는 것은 비겁한 일이란 것이다.

우리 보수의 분열과 비극이 시작된 것은 탄핵에 동참한 사람들이 마치 승자인 것처럼 처신하며 승자의 길을 걸어 간데서 비롯된다. 탄핵 참여 이전에 차라리 대통령이 스스로 하야 할 수 있도록 정치력을 발휘했다면 보수우파가 지금처럼 극심한 몰락의 길을 걷지는 않았을 것이다. 우리가 뽑은 대통령을 우리가 탄핵했다는 것은 우리 자신 스스로를 탄핵한 것이다. 탄핵에 참여 했더라도 승자의 길을 걷는게 아니라 온몸에 재를 뿌리고 패배자의 길을 걸으며 새로운 와신상담의 자세로 나아갔어야 재기의 에너지를 잃지 않았을 것이라고 생각한다.

F. 보수 재건의 방향

　보수회복의 두가지 키워드는 정체성 회복과 단합이라고 생각한다.

　나는 보수가 사는 길은 "기본으로 돌아가는 것(RTB : Return To Basics)" 이라고 본다. 기본으로 돌아가는 것이 진정한 개혁이다. 성공한 개혁은 모두 기본으로 돌아가는 개혁이었다. 역사상 가장 위대한 개혁으로 평가받는 루터의 종교개혁 역시 그 정신은 "기본으로 돌아가자" 였다.

　월남전에서 실패한 후 미군 개혁의 모토 역시 RTB 였다. 이 개혁을 통해 미국은 현대전장을 지배할 수 있는 세계최강의 군대로 탈바꿈 하였다. 우리 보수가 살아날 길 역시 기본으로 돌아가는 것이라 나는 생각한다. 기본으로 돌아가는 것이 바로 변화이고 개혁이다.

　기본으로 돌아가는 첫번째 벌걸음은 바로 우리 스스로 보수의 이념과 가치무장을 튼튼히 하는 것이다. 좌파들이 현재에 몰입되고 포퓰리즘에 빠지더라도 우리 보수우파는, 현재는 물론 국가의 미래를 생각하면서 일관되게 우리의 가치를 지켜가야 한다.

자유의 가치를 소중히 여기는 우리는 이미 우리에게 다가온 어두운 시대에 순응하려 하면 안된다. 배는 항구에 정박해 있을 때 가장 안전하지만 배가 만들어진 목적은 항구에 정박해 있는 것은 아니다. 항해가 시작된 이상 바다에 풍랑이 없기를 바라는 것 보다는 풍랑을 헤쳐 나가려는 의지와 지혜가 필요한 시점이다.

우리 보수가 위기에 처한 것은 변화가 부족해서가 아니라 원칙을 지키지 못 하고 비겁했기 때문이다. 우리가 보수의 가치를 버리고 여론의 눈치를 보며 좌파 흉내를 낸다고 해서 국민의 지지를 받는게 아니다. 그것은 변화가 아니라 비겁해지는 것이다. 오히려 당당하게 보수의 가치를 지켜가며 그 가치가 국민들의 생활속에 반영될 수 있도록 하는 것이 우리의 시대적 소명이라고 생각한다. 보수의 기본과 가치를 버리고 중도를 찾아가는 것이 아니라 중도가 우리의 일관된 모습에서 매력을 느끼고 우리에게 다가올 수 있게 만들어야 한다.

또 한가지 보수가 사는 중요한 길은 단합에 있다. 이념의 스펙트럼을 넓게 가지면서 극우든 온건보수든 중도보수든 개혁보수든 실용보수든 중도든 모두가 한 울타리안에서 정책과 이념경쟁을 하고 그 안에서 다수의 지지를 받은 지도자를 중심으로 단결하여 정권을 쟁취하는 것이 옳다고 생각한다. 아무리 유능한 정치력도 분열이 가져오는 결함을 보충할 수는 없다.

6.29선언으로 태동한 제6공화국이 출범한 후 첫번째 대선에서는 김영삼, 김대중, 김종필 등 유력 야권 주자들이 단일화를 못 이루고 모두 출마하는 바람에 노태우 대통령이 불과 34%의 지지를 얻고도 당선될 수 있었다.

두번째 대선에서는 3당합당을 통해 단일화를 이룸으로써 김영삼 대통령이 당선되었고 세번째 대선에서는 이회창후보와 김대중후보간 표차이가 45만표에 불과했으나 제3후보였던 이인제 후보는 450만표를 가져갔다. 노무현후보는 정몽준씨와의 연대를 통해 가까스로 당선될 수 있었다.

반면에 보수후보가 단일화 되었을 때는 압도적으로 우세를 확보하였다. 이명박 대통령은 정동영 후보를 두배 가까운 표차이로 당선되었고 박근혜대통령은 역사상 처음으로 51%의 득표율로 승리하였다. 6공화국 일곱번 째인 지난 대선에서 문재인 대통령은 41%의 지지로 당선됐지만, 홍준표 안철수 유승민 후보의 득표율을 합치면 51%가 넘는다.

대한민국 국민의 기본 성향은 보수에 기반을 두고 있다. 보수는 분열되지 않는 한 결코 좌파세력에게 질 수 없는 정치지형을 이루고 있다고 나는 생각한다. 정치적 신념이 형성되지 않은 중도층으로 하여금 보수세력은 국가에 헌신하고 희생 할 줄 아는 세력이라는 인식을 지속적으로 심어준다면 항상 승리의 여건은 마련될 수 있다고 본다.

G. 자유와 질서

요즈음 대한민국은 결정적 변곡점에 서 있고 자유의 가치가 절실하게 필요한 때이다. 이념이란 기본적으로 세 가지 질문에 대한 답이라고 한다. 국가가 파이를 어떻게 키울 것인가, 키운 파이를 어떻게 나눌 것인가, 그리고 이 두 가지 문제를 어떻게 결정할 것인가이다. 이 세 가지 질문에 대해 보수는 '자유'를 지향하고 진보는 '평등'을 지향한다. 보수가 왜 자유를 지향하게 되었을까? 그 이유는 자유가 인류를 가장 행복하게 만드는 것이라 믿기 때문이다. 보수(conservative)는 원래 자유를 보존하는 자를 의미한다. 이 '자유와 선택'을 지키자고 외치는 사람들이 바로 '보수'다. 무작정 옛 것을 지키자는 '수구'와는 구별되는 것이다. 자유는 좋은데 불행히도 부작용이 있다. 반드시 '불평등'이 생긴다는 점이다. 사람 역량이 다 다르기 때문이다. 그러면서 '평등'을 이루자고 외치는 사람들도 나타났다. 보수와 진보는 태생적으로 경쟁하고 갈등할 수 밖에 없다. 왜냐하면 평등을 이루려면 대부분 자유와 선택을 희생해야 하기 때문이다.

진보적인 정부는 모든 일에 국가가 개입하고 통제하려 한다. 진보는 명령을 좋아한다. 왜냐하면 평등을 이루는 데는 명령이 제일 편리한 수단이기 때문이다. 반면에 보수는 '명령'을 싫어한다. 자유가 훼손되기 때문이다. 그래서 보수정권은 가능한한 명령대신에 인센티브를 활용한다.

진보를 표방하는 문재인 정부는 출범부터 일관되게 규제와 명령을 주요 정책수단으로 삼아왔다. 하루 아침에 최저 임금을 급격히 올리고, 주 52시간제, 분양가 상한제, 자사고/특목고 폐지, 각종 친노조 정책, 검찰 대학살, 원전폐지 등 거침 없이 명령을 내린다. 집권 내내 명령의 연속이었다. 그만큼 국민들의 자유는 계속 축소되어 왔다.

손자병법은 전쟁이 아니더라도 국가나 사회, 기업을 운영하는데 좋은 길잡이가 된다. 손자병법 제 6편 허실편에 보면 병형상수(兵形象 水)라는 말이 나온다. "군대의 운용은 물을 닮아야 한다. 물의 형세는 높은 곳을 피해 아래로 흘러간다. 군대의 형세도 강한 곳을 피해 취약한 곳을 공격해야 한다. 물이 지형에 의해 흐름이 제어되듯 군대는 적의 대응에 따라 승리를 제어할 수 있어야 한다." 시장의 원리 역시 병형상수와 같다. 수요와 공급에 따라 흘러갈 수 있도록 제어하는 것이 바람직하다. 명령으로 시장을 통제할 수는 없다. 물의 흐름을 막는 것이 아니라 잘 흐를 수 있도록 제어할 수 있는 정치 경제 사회가 이루어져야 한다. 보수의 영혼이란 이런 병형상수와 같은 것이다.

모택동은 집권시절에 농작물을 해치는 주범으로 참새를 지목하고 대대적인 참새 소탕령을 내렸다. 그러나 해충들의 천적인 참새가 없어지자 각종 벌레들과 해충들이 기하급수적으로 늘어났고 결국은 그해 농사는 참담한 피해를 입었다. 시장의 원리도 크게 다를 바가 없다. 시장은 외부의 힘과 통제가 개입될수록 왜곡 될 수 밖에 없는 것이다. 보수의 정신은 자유의 원리에 따라 움직이는 경제의 흐름을 보장하면서 최소한의 역할로 부작용을 방지하는 데에 있다.

자기 집을 갖고 싶어하는 것은 인간의 기초적인 욕구에 해당한다. 특히 우리나라 국민들은 자기집에 대한 소유 욕망이 특별히 크다. 일제 식민지의 억압된 시대를 거쳐 3년 동안의 피비린내 나는 전쟁, 그 후 정치적 혼란과 해결되지 않는 배고픔의 지속 등 처절한 상황을 겪은 우리 국민들은 자기 집을 갖는 것이 최대의 욕구가 될 수 밖에 없다. 그리고 어떻게 해서든 자녀들이 자기 집을 갖기를 희망한다. 그래야 편히 자기 생애를 마감할 수 있다는 독특한 신념을 갖고 있다. 오랜 세월에 걸쳐 사회보장체제에 익숙한 서구 사회와 비교해서는 안된다.

이런 간절하고 소박한 우리 서민들의 자기 집 소유 본능을 죄악시 해서는 안된다. 그런데 집을 가질 수 있도록 정부가 돕는 것이 아니라 어떻게 해서든 집을 갖지 못하게 만드는데 정책의 초점을 두다 보면 시장경제 원리가 제대로 작동할 수가 없는 것이다.

문재인정부 기간동안에는 24번의 부동산정책이 모두 수요억제에 중점을 두면서 오히려 집소유의 기회가 없어지는 것 아닌가 하는 위기의식을 불러 일으켰고 그 반작용으로 집 값이 천정부지로 치솟은 것이다.

우리가 우리의 가치를 어디에 두느냐에 따라 그 결과에 막대한 영향을 미친다는 사실을 알려 주는 예이다. 평등의 가치에 밀린 자유의 가치는 경제 뿐만이 아니라 우리 사회의 곳곳에서 침해 받았다. 기업은 각종 규제로 기업하기 어려운 나라가 되었고 학생들은 공부하기 어려운 나라가 되었으며, 자영업자들은 장사하기 어려운 나라, 군인들은 북한 눈치보며 훈련도 마음대로 하기 어려운 나라이다. 오로지 국가공무원들 만이 규정을 앞세우며 규제의 뒤에 숨어서 복지부동하기 좋은 나라가 되었다.

부동산을 보유하고 있다는 이유만으로 세금폭탄을 붓는 것은 자유의 가치를 훼손하는 것이다. 부동산을 마련하기 위한 돈을 벌 때 소득세를 냈고 부동산을 구입할 때 취득세를 냈는데 보유하고 있다는 이유만으로 무거운 중과세를 부여하는 것은 과도한 것이다. 증여세, 상속세 등 각종 세제도 자유의 관점에서 재정비되어야 한다고 생각한다.

학생은 공부하기 어려운 나라가 되었다. 과거에는 공정한 경쟁 즉 자유로운 경쟁시험에서 의대도 가고 법대도 가는 기회를 가질 수 있었다. 그래서 가난한 사람도 본인이 열심히 공부만 하면 본인이 원하는 길을 걸어갈 수가 있었다. 그러나 지금은 본인이 아무리 잘해도 안되는 체계가 되었다. 대학입학에 필요한 소위 '스펙'이라는 것이 본인의 노력만으로는 불가하고 부모의 부와 권력이 일정기간 지속적으로 뒷받침 되어야만 가능해 진 것이다. 수시를 축소하고 정시를 확대하자는 주장은 자유의 가치를 보다 더 높이자는 것이다. 법률전문대학원을 유지하면서도 사법시험을 보완하여 부활하는 것도 검토해야 한다. 노무현 대통령이 상고를 나왔지만 사법시험에 합격하고 인권변호사로 활동하다가 대통령까지 되었지 않나. 지금의 교육적 환경으로는 그게 불가능해 졌다.

담배는 몸에 해롭다. 담배는 다른 사람의 건강권에 영향을 주므로 반드시 흡연이 가능한 장소에서 피워야 한다. 그렇다고 해서 담배를 못 피우게 할 목적으로 담뱃 값을 4천원에서 갑자기 7천원으로 올리려 한다는 것은 담배를 피우는 사람의 자유를 침해하는 것이다. 담배 피우는 분들은 어려운 환경에서 노동을 하는 분들이 많다. 그런 분들이 비싼 담배가격을 감당하는 것은 부담이 될 수 밖에 없다. OECD 국가중 담배 값이 제일 싸다는 이유만으로 담뱃값을 올릴 수는 없다. 담배가 몸에 해롭지만 국가가 개인의 담배 피울 자유까지 침해해서는 안된다. 담뱃값을 올리고 담배 피우는 분들에게 불편을 주는 정책보다는 오히려 다른 긍정적 정책을 펴 나가는 것이 옳다.

민주주의란 자유의 가치를 반영한 정치제도이다. 정치에 있어서 자유의 가치가 잘 반영된 것은 경선이다. 모든 선택을 유권자에게 맡기는 것이니 가장 민주적인 방식인 셈이기도 하다. 그런데 자유로운 경선을 무시하고 줄대기, 계파 간의 독점 등은 자유의 가치를 훼손하는 것이다. 모든 것을 유권자에게 맡기는 것이 자유의 가치를 고양하는 것이다.

군대는 정치적 영향없이 훈련과 대비태세에 전념할 수 있어야 하는데 정치적 제약이 너무 많아졌다. 정치적 목적을 위해 군의 고유 임무인 훈련과 대비태세까지 훼손하기에 이르렀다. 군대의 특성을 고려하지 않은 무분별한 인권의 잣대를 들이댐으로써 지휘관들은 행동의 자유가 위축되었다. 문민 통제의 원칙은 지켜져야 하지만 그 통제의 범위는 최소화되어야 한다. 전투에 있어서 행동의 자유는 승리의 관건이다. 정치가 군대에 얼마나 많은 행동의 자유를 보장하느냐에 따라 군대의 역량은 달라진다.

무죄추정의 원칙과 증거재판주의는 사법체계의 핵심 개념이고 이것은 개인의 자유를 보장하기 위한 장치다. 그런데 요즈음 재판에서는 점차 추정과 심증에 의한 판단이 확장되고 있는 추세이다. 묵시적 청탁, 경제공동체 이런 용어들이 새롭게 등장하고 일시적으로 선동된 여론이 상식인 것처럼 재판부가 인식하는 경향도 보인다. "열명의 도둑을 놓치더라도 한사람의 억울한 사람을 만들지 마라"는 말은 그만큼 자유의 가치를 소중히 여기는 데에서 비롯된 것이다. 무죄추정의 원칙과 증거재판주의는 자유의 가치를 반영한 체제로서 시류에 따라 흔들려서는 안된다. 그런데 요즘분위기는 "도둑 한명을 잡기위해서는 열명의 억울한 사람이 나오더라도 어쩔 수 없다" 라는 풍조가 스며드는 듯한 느낌이다.

검찰권을 행사함에 있어서 구속영장의 남발, 별건수사, 전관예우 이런 것들 역시 자유의 가치를 침해 하는 것이다. 성과위주의 검찰권행사는 개인의 자유에 중대한 영향을 미치기 때문에 강력히 통제되어야 한다. 이것이 검찰개혁의 핵심요소이다. 경찰과 검찰의 수사와 기소권 분리 문제 등등은 바로 이러한 가치를 고양하기 위한 수단일 뿐 권력기관의 기득권 싸움이 본질은 아니다.

지방차지제도는 자유의 가치를 고양하기 위한 것이다. 국가통치 및 행정체제가 중앙집권적 일수록 자유의 가치는 제한되기 마련이다. 현대사회에서 독재지배체제를 배척하는 것도 그런 이유에서이다. 지방자치가 시행된 이후 각 지자체의 자율성 제고와 주민 재산권 보장, 소외계층 보호, 생활불편 해소 등 괄목할 만한 성과가 있었다. 그러나 각 지방의회의 규제활동은 증가되고 있고 공무원들은 규정과 방침을 방패삼아 몸조심에 치중 하는 등 관료주의적 양상이 짙어 졌으며 공직사회의 능동성은 약화됐다는 시각이 많다. 자유의 가치의 관점에서 모든 지방자치의 규제와 재산권, 생활권 침해 등을 점검하여 재정비 할 필요가 있다.

결론적으로 대한민국은 평등의 가치에 눌려 자유의 가치가 축소되면서 국민들의 의욕은 위축되고 국가의 역동성은 약해져 가고 있다. 평등과 자유의 가치는 공중을 날아가는 새의 양날개와 같다. 날개가 한쪽으로 과도하게 치우치면 앞으로 날아가지 못하고 원을 그리며 제자리를 돌 수 밖에 없다. 평등의 가치는 가진 자에 대한 분노와 증오를 기반으로 하지만 자유의 가치는 꿈과 희망을 기반으로 한다. 지금은 희망의 에너지가 자리 잡을 곳에 점차 분노와 증오의 에너지가 자리잡고 있는 추세다.

인류가 산업혁명을 일으킨 원동력은 바로 자유라는 가치 때문이었다. 자유롭고 창의적인 생각은 도전정신을 가져다 주었고 수천년 동안 배고픔을 해결하지 못했던 인류에게 풍요를 가져다 준 것이다. 지금 대한민국은 역사적으로 결정적 변곡점에 있다. 바로 거대한 4차 산업 혁명이다. 여기서 낙오하면 따라잡는데 100년은 걸릴 것이라 한다. 그 어느 때보다 충만한 자유와 기업가 정신이 필요한 때이다. 개인은 개인대로, 학생은 학생대로, 기업은 기업대로, 공직사회는 공직사회대로 풍부한 자유와 도전정신을 바탕으로 자유롭게 미래를 준비하고 맞이해야 한다.

국가와 사회전반에 걸쳐 자유의 가치를 고양하는 것, 그것이 지금의 시대정신이라고 생각한다.

반면에 질서 역시 민주사회에서 필수불가결한 요소이다. 질서는 자유를 통제하기 위한 수단이 아니라 자유가 충돌하지 않고 이상적으로 구현되게 하기 위한 제도이다. 한 개인의 자유가 중요한 반면 그 자유는 구성원 간에 충돌하기 마련이고 구성원 공동의 가치구현을 위해서는 합의에 의해 약정된 규칙이 필요하다.

H. 국민통합

문재인 정부는 전직 대통령의 탄핵을 딛고 출범했기 때문에 그 무엇보다도 갈라진 국민을 하나로 통합하는 것이 시대적 과제였다. 문재인 대통령 스스로도 이러한 자각은 있었던 것으로 보인다. 취임사에서 국민통합을 최우선 국정과제로 내세웠기 때문이다. 그러나 그러한 상식적 기대는 정반대의 결과로 나타났다. 오히려 분열의 골을 더 깊게 팠을 뿐 만 아니라 적폐청산이란 명분 하에 국가권력을 이용하여 상대세력을 억압하는 반민주적이고 반역사적인 행태를 지속하여 왔다.

국가권력을 남용하여 상대편을 억압함으로써 자기편에게 승리감을 주고, 분열을 통해 분출되는 적대에너지를 국가통치의 동력으로 삼아 온 것이다.

"나는 인류를 사랑한다." 고 강조하던 레닌은 볼세비키 혁명을 일으켜 수많은 인류를 처형했다. 히틀러는 자신이 기르던 앵무새가 죽자 3일을 슬퍼하며 음식을 들지 않았고 그가 독일 나치제국 총통이 되어 첫번째로 서명한 법안은 살아있는 생선을 끓는 물에 넣는 행위 등을 금지하는 동물보호 법안이었다. 그런 그는 6백만 유대인을 가스와 세균 등 잔혹한 방법으로 처형하였고 전쟁을 통해 수천만명의 희생을 초래하였다

이러한 지도자의 인지부조화적이고 이율배반적인 현상은 문재인 대통령에게서도 보인다. 평생 인권변호사로 활동을 해왔고 대통령의 비서실장과 정당의 대표로 활동할 때는 드러나지 않던 인성이 대통령직에 취임하고 시간이 지나면서 나타난 것이다. 정책 안건을 낼 때마다 국론은 분열되었고, 사람을 추천할 때마다 여론을 분열시켰다. 그러한 분열의 에너지를 지지세력 규합에 이용하고 정권유지에 이용한 것이다. '해방 후 가장 심각한 불통의 시대'라는 오명을 쓰는 것은 당연한 일이다.

이제 모든 정권은 갈라진 국민들을 통합하고 분노와 갈등의 상처를 치유하는데 소홀해서는 안된다.. 이것만 잘해도 역사에 남는 대통령이 될 것이다. 분열의 에너지를 정치에너지로 이용하는 반역사적 통치행위는 문재인 대통령 한사람으로 종결되어야 하며 두 번 다시 역사에 등장해서는 안된다. 지금의 시대정신은 분열의 치유와 국민통합이라고 생각한다.

I. 양극화 해소

양극화는 자본주의의 가장 큰 부작용이고 자본주의 국가의 지속적인 해결과제이다. 이러한 부작용에 대한 전통적 해결방식은 통상 조세제도와 복지제도인데 즉 고소득자나 고액자산 보유자에 대한 누진세율 적용 등으로 조성된 세원을 저소득 가계 등 생계가 어려운 자들에 대한 선별적 복지를 실시하는 방법이다.

그러나 가장 중요한 요소는 사회경제적 가치의 기본이 되는 양질의 일자리를 시장을 통해 창출하는 것이다. 단순히 공무원의 수를 늘리는 방식 등의 인위적인 일자리 창출은 일시적일 뿐만 아니라 후세대에 부담을 지운다. 고용 흡수력이 높은 서비스 산업을 적극 육성해야 하고 사회의 수직적, 수평적 이동성 제고를 위한 교육혁신이 필요하며 직업과 고용의 융통성 확보를 통한 유연한 사회경제체제가 구축되어야 한다. 이 모든 내용들은 근본적으로 보면 자유라는 가치를 기반으로 하는 것이다.

나아가 사회보험의 사각지대 해소 및 내실화가 필요하며 보편적 사회안전망 구축과 질적 내실화를 통해 소외계층 및 경쟁 낙오자에 대한 사회적 보호와 자립, 자활을 지원하는 대책이 필요하다.

양극화 해소는 반드시 필요하지만 양극화해소를 빌미로 평등을 추구하는 사회주의를 지향해서는 안된다. 양극화 해소가 가진자, 이룬자들에 대한 반감으로 작용되어서도 안된다. 양극화는 시장을 통한 일자리 창출과 교육혁신, 고용유연성 등 자유의 가치를 제고함으로써 해소하는 방향으로 이루어 져야 한다.

J. 국가지도자의 바람직한 리더십

우리에게 필요한 지도자는 감별사나 예언자가 아니다. 뜨거운 애국심, 확고한 신념, 끝없는 포용력 그리고 예지력과 통찰력, 결단력을 갖춘 지도자가 필요하다.

"대통령을 욕함으로 주권자가 스트레스를 해결할 수 있다면 저는 기쁜 마음으로 욕을 먹어 드릴 수 있다." "정치인은 계란을 한 번씩 맞아야 국민들의 화가 풀린다" 노무현 대통령이 한 말이다. 노무현 대통령이 여러가지 인간적, 정치적 결함에도 불구하고 일정부분 국민의 사랑을 받을 수 있었던 것은 이러한 탈권위적인 모습 때문이었다.

어떤 시민이 문재인 대통령에게 신발을 던진 사건이 있었는데 그 분에게는 구속영장까지 청구되었다. 흔히 정치인들에게 던지는 계란, 신발 등은 위협적인 도구가 아닐 뿐 만 아니라 투척행위 자체가 정치적 행위이기 때문에 통상 관대하게 처리하는 것이 국제적 관례다(물론 북한 같은 나라에서는 처형될 수도 있다). 문대통령 스스로 유머가 없는

데다가 잘못을 인정하는 인간미도 없고 포용력도 보이지 않는다.

박정희 대통령은 1965년 미국 육군사관학교 '웨스트 포인트' 를 방문했다 미 육사에서는 외국의 국가 원수가 방문을 하면 세 가지 특권 중 하나를 주는 전통이 있다한다. 그 특권이란 미 생도들의 퍼레이드를 요청하거나 미 육사생들을 상대로 연설하거나 아니면 미육사에서 주는 선물을 받는 것이다. 미 육사에서 박대통령에게 특권을 말하라고 하니, 다른 국가원수들과는 달리 "지금 교정에서 학칙위반으로 외출제한을 받고 있는 생도들을 사면해 달라"고 요청했다한다. 그래서 미 육사 교장은 점심시간 교내방송을 통해 "지금 교정에서 학칙 위반으로 벌을 받고 있는 260명 생도들의 벌을 박 대통령의 요청으로 특별사면한다"고 특사령을 발표했고 식당에서 점심을 먹고 있던 미 육사생들은 이 방송을 듣고 기립박수를 치며 그 멋진 리더십에 존경의 환호를 보냈다고 한다 그리고 그해 임관한 신임장교들은 다투어 한국근무를 자청했다.

전문적인 연출가에 의존한다고 해서 지도자의 품격과 리더십이 드러나는 것은 아니다. 지도자의 유머와 포용, 뜨거운 애국심만이 리더십을 돋보이게 할 수 있다. 아쉽게도 문재인 대통령은 이 세가지 중 하나도 가지고 있지 않았다. 신발을 던진 시민에게 대통령이 구속영장 대신 새 신발을 선물했더라면 더욱 좋았을 거라는 생각이 든다.

한편 국가지도자에게는 전문성이 중요한 것이 아니라 보편적 상식과 포괄적 안목을 기반으로 하는 건전한 판단력과 통찰력, 결단력을 갖추어야 한다. 경제전문가 출신이라고 해서 경제를 살릴 수 있는 것은 아니다. 오히려 그것은 독이 될 수도 있다. 세상에서 제일 위험한 사람이 책 한권 읽은 사람이라는 말이 있지 않은가. 경제민주화니 소득주도성장이니 하면서 한분야에 몰입된 사람은 오히려 본인이 아는 것이 최고라는 독선에 빠질 경우 국가운영의 전권을 가지게 되면 위험해 질 수 있다. 왜냐하면 자기 주관에 함몰되어 시야가 좁아지기 때문이다. 경제라는 것이 복잡한 이론과 환경을 기반으로 하는데 그 중에 한가지만 신념화 했을 경우 어떤 폐해가 나타나는지를 잘 알려주고 있다.

박정희 대통령이 조국근대화의 아버지라고 불리울 만큼 국가경제기반을 닦은 데에는 경제전문가 이어서가 아니었다. 애국심과 신념, 그리고 이것을 추진하기 위한 다양한 인재의 발굴과 선택, 강력한 리더십이 작용했기 때문이다. 박정희 대통령은 치산치수라는 기초적인 국가시책으로부터 오늘날 우리를 먹여 살리고 있는 반도체 산업, 세계적 수준의 원전기술과 방위산업 등 모든 분야에 걸쳐 기초를 다졌고 커다란 족적을 남기고 있다. 하지만 그가 이 모든 분야의 전문가였기 때문에 이루어 낸 것은 아니다.

K. 군통수권자의 올바른 역할

軍통수권은 헌법 제 74조에 의해 대통령에게 부여된 권한이다.

그래서 대통령은 "대통령"이란 직책과 "軍통수권자"라는 두개의 직을 수행하게 되는 데 이것을 영어권 국가에서는 투캡(Two Cap), 즉 두개의 모자를 썼다고 표현한다.

軍통수권자로서 제일 중요한 임무는 군대가 정치적으로 흔들리지 않도록 보호하면서 오직 국가방위라는 軍 본연의 임무에 충실할 수 있는 여건을 보장하는 것이다.

그러나 문민 정부 출범후 지금까지 대한민국에는 이상적인 군통수권자의 모습이 보이지 않았다. 특히 문재인 대통령은 단 한번도 제대로 된 군통수권자의 모습을 보인 적이 없었다.

평화라는 단어는 대통령의 언어이다. 군통수권자는 군대를 향해서는 언제든 전쟁할 준비를 하라고 요구해야 한다. 그 두가지 모순된 입장을 합리화 해주는 것이 투캡 개념이다.

문대통령은 전군지휘관회의를 주관할 때도 군통수권자의 모자를 쓰지 않았다. 항상 대통령의 모자를 쓰고 나와서 대통령의 언어만 사용했다.

북한을 의식하여 건군 70주년 행사를 가수 '싸이' 공연으로 대체 한 것, 서해수호의 날 행사에 참석치 않고 그 시간에 대구 칠성시장을 방문한 것, 신년기자회견에서 한미훈련을 북한과 협의해서 한다는 발언 등은 軍통수권자라는 인식이 조금이라도 있었다면 상상하기 어려운 일이다.

나는 군통수권자가 부재중이란 사실을 스스로 절실히 체험한 사람이다. 내가 2작전사령관직에서 물러난 날 나는 법적으로 자동 전역상태였다. 그러나 이 정부는 현행법을 무시하고 현역신분을 유지시킨 후 85일간 국방부 지하영창에 불법구금 하였다. 85일 뒤에 대법원에서 박찬주 대장은 군인신분이 아니라는 결정을 내려주지 않았다면 계속 구금했을 것이다.

내가 검찰 출두하는 날 반드시 군복을 착용하라는 요구가 여러 통로로 들어왔지만 나는 거부했다. 적폐몰이의 흥행을 제고하기 위한 의도임을 알았기 때문이다.

군통수권자는 제복과 계급의 명예를 보호해 줄 책임이 있다. 그러나 이 모든 일이 일어나고 있을 때 군통수권자는 침묵하고 있었다. 직무를 유기한 것이라고 본다.

전장터에서도 적장에게 모욕을 주지는 않는다.

이재수 장군이 세월호 불법사찰 혐의로 영장실질심사를 위해 출두할 때 그의 손목은 결박되어 있었다. 40년 국가에 헌신한 사람의 명예를 존중하기는 커녕 이렇게 흉악범 취급을 하며 모욕을 주었던 것이다.

대통령이 전군지휘관회의에서 기무사 세월호 사찰을 용납할 수 없다며 혐의를 단정해 버리니까 밑에서는 이런 일을 저지르는 것이다.

아마도 이재수 장군은 "목숨 걸고 나를 따르던 부하들이 내 모습을 보고 얼마나 참담해 하겠는가" 생각했을 것이다. 그렇기 때문에 죽음으로 명예를 지키고 싶었던 것이 분명하다.

이 모든 일들이 일어나고 있을 때 대한민국에는 軍을 보호해 주어야 할 군통수권자가 없었던 것이다. 軍통수권자가 軍을 보호하지 못하면 유사시 軍은 국가를 보호하지 못한다.

軍통수권자의 부재가 문대통령 임기내내 지속되면서, 軍의 존재감과 자긍심, 그리고 역동성이 흔들릴 수 밖에 없는 상황이 지속되었다. 대통령이 되고자 하는 사람은 대통령의 자질은 물론 軍 통수권자로서의 자질과 학습을 충분히 갖춘 분이 등장하여 軍을 바로 세우고 정치와 軍 간의 올바른 관계를 정립해야 한다.

L. 올바른 문민통제

검찰과 군대는 공통점이 있다. 검찰은 수사와 기소를 통해 인신을 제약하는 큰 권한을 가지고 있고 군대는 인명을 살상할 수 있는 막강하면서도 위험한 무력을 행사한다는 점이다.

부여된 권한을 잘못 사용하게 되면 인간존엄에 치명적 영향을 주기 때문에 민주국가에서는 반드시 두 가지 조건을 충족해야만 하는데, 하나는 '민주적 통제'이고 또 다른 등가(等價)의 조건은 '정치적 중립'이다.

'민주적 통제'는 이 두 기관이 인간존엄에 영향을 주는 엄청난 힘을 행사하기 때문에 반드시 민주적 통제를 받아야 한다는 개념이고, '정치적 중립'은 이 두 기관이 오직 본연의 임무에 충실해야 하며 외부의 부당한 정치적 영향으로 부터 보호되어야 한다는 뜻이다.

그러나 문재인 정부는 지금까지 민주적 통제를 앞세워, 이 두 기관을 정치적으로 이용하고 정치적 시녀화하는 행태를 지속해 왔다. 이는 분명 국가권력의 남용이며 반민주적이고 반역사적인 범죄행위이다.

군대를 예로 들어보자. 군통수권자의 가장 큰 임무는 군으로 하여금 정치적으로 흔들리지 않고 군 본연의 임무에만 전념할수 있는 여건을 보장하는 것인데, 문대통령은 군통수권자는 뭐든 마음대로해도 된다는 잘못된 인식을 보이면서 온갖 수단을 동원하여 군대를 군대답지 못하게 하는데 전념해왔다.

전쟁에 대비하는 군에게 평화를 주입하면서 남북군사합의라는 졸속합의를 통하여 눈을 감기고 손발을 묶는가 하면, 제대로 된 훈련 마저도 보장하지 못하고, 무분별하게 인권의 잣대를 들이대서 군의 가치를 훼손해 왔다.

이제 싸울 수 있는 군대가 아니라는 평가가 군내부에서 조차 나왔다. 강한군대 보다는 편한군대를 지향하는데 대해 이제는 병사들 조차 스스로가 자괴감을 느끼게 되었다. 말단병사가 통수권자를 걱정하고 있는게 현실이다.

검찰은 또 어떤가. 대통령이나 법무부 장관 역시 검찰은 내 부하이니 내 맘대로 해도 된다는 비슷한 인식을 가지고 있는 것이다. 그러면서 검찰을 정치시녀화 하려고 안달이다.

검찰총장이 법무장관의 부하인가 하는 것은 부하의 정의에 따라 다르다. 소위 부하를 자신의 업무범위 전반에 걸쳐 권한을 행사할 수 있는 위치라고 본다면, 검찰총장은 법무장관의 부하라고는 할 수 없다. 법무부장관은 검찰사무의 최고감독자이나 정치적 공무원(국무위원)이기 때문에, 검찰사무가 정치적 영향을 받지 않도록 하기 위하여 일반적으로 지휘·감독할 뿐이며, 구체적 사건에 대하여는 검찰총장만을 지휘·감독하도록 할뿐(검찰청법 제8조), 검찰총장을 특정수사에서 배제하는 것은 월권행위라는 것이 대다수 법조인들의 의견이다.

군대와 검찰을 외부의 영향으로 부터 보호해야할 대통령과 장관이 문민통제의 개념을 잘못 이해하고 오히려 정치적으로 이용하는 행위에 대해서는 시간이 흐른 후에라도 반드시 책임을 물어 역사의 교훈으로 삼아야 한다. 이것이 기울어진 나라를 바로 세우는 첫번째 과업이 되어야 한다.

M. 힘에 의한 평화

"나쁜 평화가 좋은 전쟁보다 낫다" 이 말은 문재인 대통령이 즐겨 써온 말이다. 언뜻 듣기에는 좋아 보여서 솔깃하지만 사실은 국가의 지도자가 가져서는 안 되는 위험한 인식의 단면을 나타내는 말이다.

이 말은 대한제국 말기, 이완용이 을사조약 체결을 주저하는 고종황제에게 강요한 말이기도 하고, 월남의 패망직전, 무책임한 정치가들이 다투어 외친 구호이기도 하다.

그러나 5천년 역사를 통하여 970여회의 외침을 당했던 우리 민족이 '전쟁이냐 평화냐' 를 선택 받은 적은 없었다. 오직 '전쟁이냐 굴복이냐'를 강요 받았을 뿐이다. 병자호란 때 남한산성으로 들어간 조정의 대신들이 주전파와 주화파로 나뉘어 대립한 것을 '전쟁이냐 평화냐'를 놓고 싸웠다고 볼 수는 없다. 결국 '전쟁이냐 항복이냐'를 놓고 대립한 것이었다.

오히려 필자와 같은 직업군인들 이야말로 진정한 평화주의자가 될 수 밖에 없다. 그들은 전쟁의 참상을 누구보다 잘 알기 때문에 전쟁이 있어서는 안 되며, 전쟁을 막기 위해서는 누구도 믿어서는 안 되고 오직 싸워 이길 수 있는 스스로의 태세를 믿을 수 있어야 한다는 것, 그리고 이것이야 말로 진정으로 평화를 지키는 길이란 것을 잘 알기 때문이다.

워싱턴 대통령과 함께 美국민들로부터 가장 큰 존경을 받고 있는 레이건 대통령의 연설문 중 일부를 소개한다. 우연히 접하게 된 레이건 대통령의 연설은 그동안 내가 가졌던 신념과 너무나 일치하기 때문에 큰 감명을 가져다 주었다.

〈도날드 레이건 제40대 미합중국 대통령〉

"우리의 자유를 복지국가의 무료급식소와 바꾸려 하는 사람들은 승리 없이 평화를 얻을 수 있는 유토피아적 해결책이 있다고 말합니다. 그들은 그걸 '포용정책'이라고 부르더군요.

우리가 적과 대척 하지 않기만 하면 그 잔인한 독재자들이 반인륜적 범죄를 멈추고 평화를 사랑할거라고 말합니다. 그리고 그 독재자를 반대하는 사람은 전쟁광이라고 비난합니다. 그것은 독재자들이 그것을 진심으로 믿거나 따뜻한 마음씨를 가졌는지를 떠나 오로지 전쟁만은 피하기 위해서 우리의 자유를 팔아 넘기고 전체주의를 지향하는 것입니다.

우리가 역사를 통해 배운 것이 있다면 적에 대한 순진한 포용정책은 어리석은 짓이라는 것입니다. 그것은 나라를 위해 희생한 분들을 배신하는 것이고 우리의 자유를 탕진하는 것입니다.

(중간생략)

전쟁과 평화 중에서 평화를 고르지 않는 사람은 없습니다. 하지만 평화를 쉽게 얻을 수 있는 유일한 방법은 굴복 뿐입니다. 분명히 어떤 길을 선택하든 항상 위험은 따르기 마련입니다. 그러나 역사의 교훈은 한결같이 유화정책에 더 큰 위험이 있다는 것이고 이것이 바로 순진한 진보주의자 친구들이 직시하지 않으려 하는 진실입니다. 그들의 포용정책은 평화와 전쟁 중 하나를 선택하는 것이 아니라 전쟁과 항복 중 하나를 선택하게 한다는 사실 말입니다.

그들은 이런 복잡한 문제는 간단한 해결책이 없다고 말합니다. 그러나 간단한 해결책이 있습니다. 쉬운 해결책은 아니지만 간단합니다. 여러분께서 정치인들에게 우리는 가슴깊이 정의롭다고 믿는 외교정책을 원한다고 요구할 수 있는 용기만 있으면 됩니다. 우리는 핵폭탄이 무섭다고 해서 우리의 안전과 자유를 팔아 넘기는 비윤리적인 짓을 저지를 수는 없습니다. 그것은 공산국가의 철의 장막 뒤에서 노예생활을 하고 있는 십억명의 사람들에게 '자유에 대한 희망을 버리세요!' '우리는 우리가 무사하기 위해서라면 당신들의 지배자와도 타협할 겁니다!' 라고 말하는 것입니다.

알렉산더 헤밀턴은 이렇게 말했습니다.'위험보다 치욕을 택하는 나라는 지배당할 마음가짐을 갖고 있으며 지배당해 마땅하다' 라고…"

지도자가 가장 경계해야 할 것은 '감상주의'이며 가장 위험한 것은 국가안보를 상대편의 '선의'에 맡기는 행위이다. 우리가 진정성을 보이면 북한도 '착한 마음'으로 돌아와 핵을 포기할 것이라는 감상주의적 인식, 그 것으로부터 출발한 김대중 정부의 '햇볕정책'은 결국 북한의 핵개발을 위한 시간만 벌어주었고, 북한은 2006년 최초의 핵실험으로 이에 보답하였다. "북한은 절대 핵개발하지 않는다", "본인이 책임진다"고 확신하던 김대중 前대통령이 얻은 것은 노벨평화상 뿐이었고 그것도 북한의 핵실험으로 빛이 바랠 수 밖에 없었다.

힘이 뒷받침 되지 않는 평화, 상대의 선의를 바라는 평화는 일시적인 '가짜 평화' 이다. 그리고 그 '가짜 평화'야 말로 상대를 유혹하여 전쟁을 불러 온다는 사실을 우리는 명심해야 한다.

N. 북핵문제에 대한 올바른 접근

김대중대통령이나 문재인대통령 등 감상적 민족주의 성향이 있는 사람들은 북한의 핵무기 보유에 대해 매우 관대한 시각을 갖고 있다. 북한이 핵보유를 추구할 수 밖에 없었던 것은 미국의 적대시 정책 때문이며 북한의 핵은 미국을 겨냥한 것일 뿐, 남한을 지향한 것이 아니라고 믿는다.

그렇기 때문에 북핵문제는 미북간에 문제이며 우리는 당사자가 아니라는 생각을 갖는다. 따라서 당사자가 아닌 중재자 입장에서, 북한과 미국을 설득하여 문제를 해결해 보려는 생각을 갖고 있다.

북핵 폐기에 대한 절박감을 갖고 있지 않고 미국주도하의 대북제재가 사태해결의 걸림돌이라 생각한다. 핵을 개발한 북한보다는 이를 통제하려는 미국이 갈등의 원인이라며 못마땅할 뿐이다. 제네바 핵합의를 어기고 비밀리에 농축우라늄을 개발하다 들킨 2000년대 초에 김대중대통령은 북한은 절대 핵을 개발할 능력도 없고 의도도 없다면서

'바람 많이 부는 날 나그네의 외투를 벗길 수 있는 것은 바람이 아니라 햇볕'이라고 주장하였다.

김대중정부의 햇볕정책은 제네바 핵위기에 이어서 두번째 북핵해결의 골든타임을 놓친 것이다. 그 이후 대북제재 속에서도 북한은 계속 시간을 벌었고 뒤에 그동안 축적된 핵개발 옵션을 자신 있게 드러내 놓고 진전시킨 것은 문재인 정부 들어서다. 이제는 핵무기 소형화는 기정사실화 됐고 미 본토를 위협하는 ICBM, SRBM, SLBM 은 물론 다탄두 미사일 개발, 방사포나 장사정포에 탑재 가능한 전술핵무기 개발까지 걷잡을 수 없는 범위로 확대되었다.

더더욱 큰 문제는 문재인정부의 평화타령 기간 핵협상의 주도권이 북한으로 넘어갔다는 점이다. 이제는 북한이 마음 놓고 핵을 개발하여 핵고도화를 완성하는 여건을 마련해 주게 되었다. 전세계에서 거의 유일하게 북핵에 대한 위기감과 경각심을 갖지 않은 문정부는 태연하게 가짜평화 놀이를 주도하면서 김정은을 국제무대에 등장시켜 주고 핵개발의 당위성과 정당성을 부여하는 과오를 저질렀다.

미북 정상회담이 핵문제 해결의 마지막 모멘텀이 되어야 하나 시작의 시작으로도 작용하지 못하였고 오히려 김정은 위원장에게 주도권을 부여하는 기회가 제공된 셈이다.

손자병법 모공편에 보면 지피지기(知彼知己)면 백전불태(百戰不殆)라는 명구가 나온다. 상대를 알고 자신을 알면 백 번 싸워도 위태롭지 않다는 말이다. 반면 부지피부지기(不知彼不知己)이면 매전필태(每戰必殆) 즉, 상대도 모르고 자신에 대해서도 모르면 항상 위태롭다는 뜻이니 그야말로 지금 우리가 처한 처지를 요약한 말로 보인다.

대북정책과 핵문제를 다루는데 있어서 우리는 주기적으로 북한의 입장에서 북한이 어떤 의도를 가지고 있으며 어떤 취약점을 가지고 있는지 들여다 보아야 한다. 북한의 의도와 속셈을 우리 입장에서의 기대와 희망으로 대체하려 해서는 안된다. 우리는 지금까지 어떤 오류와 착각속에서 지내왔을까.

첫째, 지금까지 북한의 핵개발 일정은 대한민국 정부의 대북정책에 영향을 받아 진행된 것이 아니라는 점을 간과하며 지내왔다. 전적으로 자기들의 기술적 문제에 따라 자신들의 스케줄에 의거 핵개발이 진행되었다는 점이다. 농축우라늄 개발은 김대중정부 시절이고 첫번째 핵실험은 노무현정부 때이며 마지막 6차 핵실험후 핵무력 완성을 선언한 것은 문재인 정부가 출범한 이후의 일이다.

북한의 핵개발 일정에 있어서 유일한 고려사항은 기술적 문제였으며 일시적인 전술적 고려사항은 있을지 언정 남북관계가 그 일정에 결정적 영향을 주었던 것은 아니다. 그들은 남북관계를 오직 자신들의 핵개발에 이용하여 왔을 뿐이고 우리는 그 장단에 맞춰 춤을 추었을 뿐이다.

그동안 핵문제에 대한 수 많은 선언과 약속이 이루졌지만 결국은 그 모든 것이 시간을 벌기 위한 수단이었음이 밝혀졌다. 그런데도 우리는 여전히 선언과 약속에 의지하려 한다. 문재인 정부가 평화타령에 집착하는 동안 북한은 UN의 추가제재를 피하면서 다양한 형태의 미사일에 핵탄두 탑재를 넘어 전술핵무기와 SLBM 등 핵능력 고도화를 위한 기능시험을 성공적으로 마무리 한 것으로 보인다.

둘째 북한의 체제를 보장하고 경제적 지원이 이루어지면 핵을 포기할 것이라는 기대감 역시 우리의 시각에서 바라본 순진한 생각의 결과이다. 종전선언후에 평화협정을 체결하고 북미간 국교가 정상화된다고 해서 북한이 체제보장으로 받아들이고 핵을 포기할 것이라는 가정 자체가 상대를 모르는 우리 만의 생각이다.

2019년 2월 북미정상회담 장소를 베트남 하노이로 선정한 것은, 핵을 포기하면 북한도 베트남처럼 경제를 일으킬 수 있다는 메시지를 주기 위해서 였다고들 한다. 그러나 그것도 우리의 기대를 반영한 것 뿐이다.

북한은 베트남식 경제개방을 택할 경우 자신들의 체제 유지가 어렵다는 것을 잘 알고 있다. 실제 베트남은 1986년 도이머이(개혁개방) 이후 집단지도체제를 유지하면서 평균 3.5년 주기로 권력이 교체되고 있는데 지금의 북한정권이 인민들의 행복한 삶을 위해 권력 교체를 감수할 리는 만무하다.

북한이 체제유지에 얼마나 민감하게 반응하는지는 장성택 처형과 이복형제 김정남 살해가 말해 주고 있다. 북한 정권은 개성공단식 경제개방을 선호할 수 밖에 없는 처지다. 즉 낮에는 공단에 들어가 일을 하고 일과후에는 북한사회로 복귀하여 체제의 통제를 받도록 하면서 자력갱생의 길을 걸을 수 밖에 없는 것이 북한정권의 숙명인 것이다. 대가를 통해서 핵을 포기시킬 수 있다는 유혹 때문에 우리는 북한에 30년의 핵개발 시간을 허용했다. 적을 모르는 부지피(不知彼)이다 보니 위기에 빠지는 필태(必殆)의 지경에 이른 것이다.

이제 우리의 전략적 선택은, 어떤 대가를 통해서 북한 핵을 포기 시킬 수 있다는 기대를 버리는 데서 시작해야 한다. 직접적으로 북한 정권의 생존을 겨냥하여야 하고, 핵을 포기 하지 않으면 정권이 무너진다는 인식을 북한이 가질 때 비로소 가능한 일이다. 그럼 전쟁하자는 거냐며 반문한다. 전쟁도 불사한다는 각오를 다지지 않는 한 적을 굴복시킬 수는 없다. 더구나 한미는 전쟁이외의 다양한 군사적 비군사적 카드를 가지고 있다.

북핵위기의 상황에서 문재인 정부는 한일 지소미아를 파기하는 조치를 취하였다. 이것은 북핵문제에 대한 문재인 정부의 위기감이 없다는 것을 방증하는 일이다. 한일 간의 지소미아는 정보공유의 문제를 넘어 한미동맹과 한미일 안보협력에 중요한 의미를 가지고 있다. 한일 간 지소미아가 한미동맹과 무관하다는 정부의 입장은 무지를 드러낸 것이다.

손자병법에 의하면 승자는 이길 준비를 갖춘 후에 싸움을 시작한다(勝兵先勝而後求戰)고 말한다. 선의를 가지고 대하다 보면 상식을 갖춘 지도자 김정은이가 핵을 포기할 것이라는 기대, 우리가 진정성을 보이면 언젠간 북한도 우리의 진정성을 믿고 따라줄 것이라는 접근은 국가정책에서는 등장 할 수 없는 인식이다.

안보의 관점에서 문재인정부 5년은 안타깝게도 잃어버린 시간이 되었다. 지난 40년 일관되게 대북정책이 이루어졌다면 지금의 안보상황은 보다 안전해 졌을 것이 분명하다. 북한의 핵개발을 억제할 골든타임에서 김대중 정부의 햇볕정책은 북한이 핵기반을 다질 수 있는 기회를 제공했고 문재인 정부 5년동안의 평화 놀음은 북핵의 고도화를 이루어 통제불능의 상황까지 몰고간 반역의 시간이었다.

O. 내가 종전선언을 반대한 다섯가지 이유

한반도의 평화프로세스는 파격적인 절차가 아니라 안정적인 방법으로 이끌어야 한다.

그리고 공산주의자들 과의 협상은 말이 아닌 행동을 기준으로 대응해야 한다는 것은 역사가 증명하는 일이다.

문재인 정부가 추진하는 종전선언에 내가 반대 했던 다섯가지 이유는 다음과 같다.

첫째, 북핵문제 해결 없는 종전선언은 허상에 불과하다.

북핵문제 해결에 진전이 없는 상태에서 종전선언은 북핵을 용인 또는 기정사실화 하는 결과를 초래할 것이고, 북한에게는 핵능력 확장과 고도화를 위한 또 다른 모멘텀을 제공할 것이기 때문이다. 정부는 종전선언이 북핵문제 해결을 견인할 것이라고 하지만 이것은 막연한 상상에 불과하고 상대의 선의에 의존하는 위험한 시각일 뿐이다.

문재인 정부 출범 후 세 차례의 남북정상회담을 통해 평화무드를 조성하였지만 이 기간동안 북한은 세계의 이목을 평화로 돌리게 한 후, 핵무기의 소형화 및 고도화, 투발수단의 다양화를 이루었으며 핵무력의 완성을 공언하기에 이르렀다. 노동당 창건 75주년 열병식에 등장한 대륙간탄도 미사일이나 잠수함발사 탄도미사일이 이를 입증해 주고 있다.

둘째, 종전선언은 막연한 선언에 불과하기 때문에 언제든, 어떠한 구실과 빌미로 번복될 개연성이 있고 북한의 전략전술에 따라 지속적으로 악용될 소지가 크다.

특히 종전이 선언된 후 유엔사 지위문제와 주한미군 역할문제로 남남갈등이 심화되어 한미방위태세에 제약을 초래할 것이다.

보라! 우리에게 얼마나 많은 선언이 있었는가. 김대중정부 때의 6.15공동선언, 노무현정부 시절의 10.4공동선언, 문재인정부의 9.19 공동선언이 남긴 것은 결국 무엇인가. 국제적인 대북제재 속에서 중요한 고비마다 북한 핵개발에 숨통을 틔어 주었을 뿐, 지금 이순간 남북 이산가족상봉과 같은 초보적, 인도적 협력조차 이루어지지 못하고 있지 않나.

셋째, 확실한 안전장치 없이 우리 군의 대비태세만 위축시키고 약화되어 우발사태 발생시 치명적인 위험을 초래할 수 있기 때문이다.

9.19 군사합의를 보라. 우리 군의 정찰수단 즉 눈을 감게 만들고 손

발을 묶어 놓다보니, 서해에서 발생한 공무원 총살사태 시 아무 조치도 못하고 사태를 방관하지 않았는가. 종전선언이 되면 한미연합훈련은 물론 한국군 독자적 훈련마저도 크게 제약될 것이 뻔하다. 미군자산이 한반도에 들어 올때마다 시비가 붙을 것이다. 결국 북한은 그대로인데 우리의 방위태세만 약화되어 취약성이 증대될 것이다.

넷째, '종전선언후 평화협정'이라는 프로세스에 고착되지 말아야 한다.

오히려 先북핵해결 後평화협정을 추진하면서 그 최종결과로 종전을 선언하는 것이 바람직하다. 공산주의자들은 말이 아닌 행동을 기준으로 대응해야 한다. 평화협정에서 군사력 재배치는 물론 군비통제와 주한미군 역할문제, 새로운 군사분계선 개념 등이 정립되고 이것이 현장에서 정착되고 난 후, 비로소 실질적인 종전선언이 되어야 한다.

다섯째, 우리의 동맹국이면서 휴전협정 당사국인 미국과의 긴밀한 공감대 없이 정치적 목적을 위해 종전선언을 추진하는 것에 반대한 것이다.

유엔연설에서 문대통령이 종전선언의 필요성을 주장한데 대해 미국 조야에서는 불만이 터져 나왔다. 문재인정부가 미국과의 보조를 맞추지 않고 충분한 공감대 없이 즉흥적으로 종전선언을 추진하는데 대한 불만을 표출한 것이다.

5년 동안 문재인 정부는 평화타령으로 시간을 보냈지만 안보적 관점에서 볼때 그 5년은 잃어버린 시간이었다. 평화타령의 댓가는 남북 연락사무소의 폭파와 바다에 표류중인 비무장 민간인에 대한 무차별 총격, 그리고 핵능력의 고도화였다.

평화는 말이나 선언으로 이루어지는게 아니다. 90년대초 북핵위기 이후 지난 30년, 우리가 일관된 원칙을 가지고 대북정책을 이끌었다면 지금쯤 북한의 민주화를 이루고 새로운 시대(Era)를 맞았을지도 모른다.

제4부

미래와의
만남

"노병은 죽지 않는다. 다만 사라질 뿐이다." (Old soldiers never die; They just fade away.) 이 말은 맥아더 원수가 상하 양원 합동회의에서 거행했던 은퇴연설의 마지막 문장이다. 남북전쟁 당시 군가 속에 나오는 문장을 인용했다고 한다.

이 말에는 여러가지 의미를 두고 해석할 수도 있겠으나, 평생 전장에서, 그리고 야전에서 생활해 온 군인은 은퇴 후 세상의 욕망과 가치에 물들지 않고 조용히 인생을 마감함으로써 명예를 지켜야 한다는 뜻을 담고 있다.

내가 존경하는 어느 선배 대장님은 나에게 이런 말을 한 적이 있다.

"대통령은 하루 아침에라도 되지 말라는 법은 없다. 그러나 대장은 소위부터 시작하여 열 개의 계급을 반드시 거쳐야 하며 적어도 35년의 세월을 기다려야 한다. 그 기간동안 어느 한 순간이라도 불명예스러운 일 없이 최고의 능력을 지속적으로 유지해야만 될 수 있는 명예로운 계급이다. 마라톤을 전력질주로 완주하는 것과 같다" 라고… 그러면서 "대장은 어느 선출직에도 나서지 않는 것이 좋다. 다만 아이젠하워 처럼 국가원수가 되기 위한 후보가 되는 것은 상관 없다" 라고 조언하였다.

A. 더 큰 도전

　　2021년 8월 나는 국민의 힘 대통령경선에 참여하였다. 많은 후보들이 등장하였으나 군 출신이 한명도 없었다. 많은 예비역 장성들은 국민의힘 당이 그래도 명색이 안보정당인데 군 출신이 한명도 없는 것은 문제가 있다며 누군가 군출신을 대표하여 대통령후보 경선에 나가야 한다는 의견들이 분분하였다. 그러면서 자연스럽게 그래도 정치적 감각이 있는 박찬주 대장이 총대를 메는 것이 좋겠다는 여론이 형성 되었다.

　　결국 18명의 후보가 경선에 신청하였는데 서류전형후 12명으로 압축되었다. 여기에는 홍준표, 유승민, 윤석열, 최재형, 장기표, 장성만, 박진, 박찬주, 안상수, 원희룡, 황교안, 하태경, 윤희숙이 포함되었으나 윤희숙 후보는 부친의 부동산 문제 때문에 의원직을 사퇴하면서 후보직에서도 사퇴하였다. 대통령 경선은 네 번에 걸친 정견발표와 압박면접, 토론 등으로 진행되었다.

〈당시 윤석열 대통령 후보와 인사하는 박찬주 대장〉

첫번째 무대는 중앙당사에 마련된 무대에서 실시된 비전발표회였다.

각 후보들에게 6분씩 시간이 주어졌다. 나는 세번째 연사로 등장하여 원고 없이 연설을 마치었으며 5분 45초의 시간을 사용했다. 발표전문은 아래와 같다.

존경하는 국민 여러분! 당원동지 여러분!
박찬주 예비역 육군대장 입니다.
누가 나라를 이끌 적임자인지를 놓고 경쟁하는 무대에 선 것을 영예롭게 생각합니다.

열두명의 후보 중 제가 유일한 軍 출신입니다 만 軍 출신이야말로 다른 어느 직업군보다 국정을 잘 이끌어갈 기본적 소양을 갖고 있다고 저는 생각합니다. 투철한 국가관과 안보관을 탑재하고 있고 평생 조직관리를 통해 리더십을 배양해 왔으며 다양한 노력을 통합하여 목표를 달성하는데 익숙한 직업이기 때문입니다.

국민 여러분
국가는 경제와 안보라는 두개의 바퀴로 움직입니다.
경제는 먹고사는 문제이라서 중요하고 안보는 죽고사는 문제이기 때문에 중요합니다.
이 두개의 바퀴가 균형 있게 굴러가지 않으면 나라는 기울어지게 됩니다.
그런데 문재인정부 들어와서 두개의 바퀴는 주저 앉고 말았습니다.
경제는 파탄 나고 안보는 무방비상태로 노출되어 있습니다.
저는 오늘 여러분과의 세가지 약속을 통하여 기울어진 나라 바로 세우려 합니다.

첫번째 약속은 자유의 회복입니다.
지금의 대한민국은 더 이상 자유국가가 아닙니다.
온갖 규제와 제약이 지배하는 통제국가가 되었습니다.
문재인정부는 국가권력을 독점하고 온갖 입법과 정책수단을 동원하여 국민의 자유를 억압해 왔습니다.
통제국가를 자유국가로 전환하는 것 그것이 저의 첫번째 약속입니다.
문재인정부가 내놓은 25번의 부동산대책, 알고 보면 스물다섯번의 규제에 불과합니다.
집을 갖고 싶은 것은 인간의 가장 기초적인 욕망이고 자유입니다. 그런데 이런 욕망을 죄악시하고 어떻게 해서 든 집을 갖기 어렵게 만든 것입니다.
제가 대통령이 되면 기초자유를 보장하는 차원에서 1가구 1주택에 대해서

는 어떠한 형태의 세금 즉 취득세, 종합부동산세, 양도소득세를 부과하지 않겠습니다

기업은 기업할 자유가 있는 나라,

자영업자는 장사할 자유가 있고 학생은 공부할 자유가 있고 군대는 훈련할 자유가 있는 나라를 만들겠습니다.

항간에 '박찬주가 대통령 되면 군대가 힘들어진다'고 한다는데 제가 대통령 되면 군대만큼은 주4일제를 적용하겠습니다. 4일동안 훈련하고 나머지 3일은 휴식과 자기계발의 시간을 보장하겠습니다

국민 여러분

저의 두번째 약속은 "미래"입니다.

지금 우리 20~30 세대가 기회의 절벽시대를 맞이한 것은 우리 기성세대가 미래를 준비하지 못했기 때문입니다.

민주화정권 30년 동안, 우리 정치인들은 표를 의식한 선심성정책으로 현재에 몰입하다가 다음세대의 미래를 준비하지 못했습니다.

그토록 힘들고 배고픈 시절에도 박정희대통령은 한일협정으로 얻어온 돈, 월남파병과 파독 근로자들이 벌어 온 돈을 미래를 위해 투자했습니다. 포항제철을 세우고 고속도로를 만들고 원전을 세우고 자주국방의 기초를 닦았습니다. 지금의 정치인 들이라면 얼마 씩 나누어 가질지를 놓고 치열한 논쟁을 벌일 것입니다.

저는 오늘 태어날 아이들이 자라서 맞이할 미래를 바라보며 국정을 운영하겠습니다.

수도권과밀화를 근본적으로 해소하고 안보상 유연성을 확보하기 위해 완전한 행정수도 건설을 추진하겠습니다.

천안과 세종, 청주를 잇는 인구 5백만의 도시를 건설하고 입법 사법 행정부와 국가기관을 이전하여 4차산업혁명을 선도하는 행정 교육 과학 문화 예술도시

를 건설하겠습니다.
정부출범 초기 청사진을 마련하고 임기내 헌법개정을 통해 불가역적 기반을
마련토록 하겠습니다.

세번째 국민과의 약속은 안전입니다.
대한민국 국민은 태어나서 죽을때까지 안전할 권리가 있습니다 아무리 큰 어
려움에 닥치더라도 기초생계권과 건강권은 국가가 책임지겠습니다.
사회안전망을 촘촘히 하고 재해재난 대책을 선진화 하겠으며 전염병과 기후대
책등 초국가적 위험에도 국가역량을 집중하겠습니다.
국가안보는 의지의 싸움입니다.
한미동맹을 공고히 하면서 약화된 신뢰를 회복하겠습니다.
북한은 변해야합니다.
스스로 변해야합니다.
인류의 보편적 가치와 국제규범을 지키는 정상국가가 되어야합니다.
북한 스스로 변하지 않는다면 누구도 북한의 미래를 보장해 줄 수 없습니다.
저는 북핵폐기를 위한 국제적 노력을 주도하면서
동시에 현실화된 북핵위협을 억제하기 위한 독자적 능력을 강화하겠습니다.

존경하는 국민여러분
저는 여러분께 자유와 미래 그리고 안전을 약속했습니다.
안전한 가운데, 자유를 누리며, 미래로 나아갈 수 있는 위대한 대한민국!
박찬주와 함께 하면 가능합니다!
경청해 주셔서 감사합니다.

2021년 8월 25일
제20대 대통령 예비후보 박 찬 주

두번째 순서는 3대 공약 발표회였다. 각 후보별로 6분씩 공약을 발표하고 다른 후보들의 질의를 받는 방식이었다. 공약발표회 전문은 아래와 같다.

존경하는 국민여러분
박찬주 정부는 자유가 국정동력 입니다.

제4차 산업혁명시대에는 한사람의 재능과 아이디어가 수백만명을 먹여 살릴 수도 있습니다.
그리고 그런 환경을 만들기 위해서는 자유의 가치가 사회와 국정전반에 뿌리를 내려야 합니다.

요즈음 공정의 가치를 말하고 있습니다만,
사실 공정은 자유경쟁을 위한 룰이고 수단일 뿐 목표는 아닙니다.
공정을 목표화 하면 가치의 왜곡이 일어날 수 있습니다.

양극화 해소만 해도 그렇습니다.
양극화해소란 중산층을 늘려서 항아리 형태의 사회구조를 만들겠다는 건데..
그게 아니고 가진 자의 것을 빼앗아서 없는 자에게 나누어 평등한 세상을 만드는 거라면 그것은 위험한 일입니다.

그러한 차원에서 최재형 후보님께서 내건 슬로건 "마음껏 대한민국"은 참 잘 만드셨습니다. 저와 같은 방향을 가리키기 때문에 동지애를 느낍니다.

저의 첫번째 공약은 "新행정수도 건설"입니다.
지금 수도권에는 대한민국 인구 절반이상이 거주하고 있고 과밀화가 심화되고 있습니다.
이를 해소하기 위해 수도권을 확장하다 보면 앞으로 다가올 인구 절벽시대에 도시공동화와 같은 또 다른 위기를 초래할 수 있습니다.

수도권 과밀화를 해소하고 국토균형발전을 위해서는 신행정수도 건설이 좋은 대안입니다.

안보적 관점에서도 신행정수도 건설이 필요합니다.
지금 수도서울은 북한군의 야전 포병 유효사거리 내에 들어가 있습니다.
야전 포병의 유효사거리 내에 있다는 것이 무엇을 의미하는 지는 앞에 계신 한기호 사무총장님께서 잘 아십니다.

월남의 수도 사이공이나 아프간의 카불에서 보듯이 수도가 함락되는 것은 전쟁의 종결을 의미할 수 있습니다.

저는 결코 수도서울을 군사적으로 포기하자는 것이 아닙니다.
전략적 유연성을 확보하자는 것입니다.

세번째로는 통일에 대비해서도 행정수도건설이 필요합니다.
서울과 평양은 각자의 역사가 축적된 곳인만큼 각각의 상징성을 갖도록 하고 통일한국의 수도역할은 신행정수도가 맡아야 합니다.

제가 구상하는 신행정수도는 미국의 워싱턴, 호주의 캔버라, 터키의 앙카라의 장점을 아우르는 도시가 될 것입니다.

이러한 구상은 제가 충남도당위원장을 하면서 많은 자문과 검토 끝에 구상한 것입니다.

국회의사당은 물론이고 대법원과 헌법재판소 등 사법기관과 청와대와 각 행정부처, 국가의 권위를 상징하는 국립박물관과 전쟁기념관 등이 이전되어야 합니다.

아울러 서울로 출퇴근하는 도시가 되지 않도록 천안과 청주를 포함한 생활권을 구축해야 합니다.

저는 정부출범과 동시에 TF를 구성하여 청사진을 마련할 것이며 헌법개정도 추진하겠습니다.

두번째 공약은 "1가구 1주택 자유화정책" 추진입니다.
문재인정부와 같은 규제중심의 부동산정책은 사람은 통제할 수 있을지 몰라도 시장을 통제할 수는 없습니다.

박찬주 정부의 부동산정책은 시장의 원리를 거스르지 않으면서 정부의 직접적 개입을 최소화하되 정부 본연의 역할에 충실한 것입니다.

제가 자유화라는 용어를 사용하는 것은 기초자유의 보장차원에서 국가가 1가구 1주택 마련의 여건을 보장해준다는 뜻인 동시에
주택을 보유하고서도 과중한 과세로 인해 불안과 불편을 느끼게 해드리는 것은 국민들에 대한 국가의 도리가 아니라는 뜻입니다.

공급확대를 위해 재개발 재건축 규제를 완화하고 공공 택지개발을 확보하고 공공임대주택 제공, 민간임대시장 활성화는 물론 각종 금융혜택과 과세정책을 정비하겠습니다.

세번째 공약은 軍지휘구조 개편입니다.
문재인정부는 문민통제 개념을 남용하여 행동의 자유를 억압해 왔습니다.

군대는 정부의 평화정책을 지원한다면서 각종 훈련을 포기하고 지피를 폭파시키고 철조망을 걷어내는 등 스스로 태세를 이완시켜왔습니다

저는 군대가 정치적으로 휘둘리지 않고 안정적으로 군 본연의 임무에 충실할 수 있도록 군지휘구조를 개편하겠습니다.

우선 합참의 규모를 현재의 1/5로 줄여서 국가통수기구를 보좌하는 기능 만을 갖도록 하고 별도의 통합군사령부를 설치하여 육해공 전력을 지휘토록 하겠습니다.

아울러 육해공군 외에 미사일군을 만들어서 대한민국을 우주와 영공으로 부터 방어할 수 있는 전방위적 미사일방어체계를 구축할 것이며
유사시 12시간 이내에 북한의 국가기반을 완전히 무너뜨릴 수 있는 충분량의 미사일을 확보하겠습니다.

어쩌면 미사일사령부의 단독작전만으로도 전쟁을 종결 시킬 수 있는 능력을 갖춤으로써 전쟁을 억제하도록 하겠습니다.

안전한 가운데 자유를 누리며 미래를 맞이할 수 있는 위대한 대한민국!
박찬주와 함께 하면 가능합니다.

감사합니다.
2021.9. 7

많은 분들이 어쩜 원고 없이 그리 연설을 잘하냐고 칭찬을 해주셨다.

사실, 자기 생각을 정리해서 말할 때에는 원고가 필요하지 않다.

그러나 다른 사람이 써 준 글은 절대 외워서 발표하지는 못하게 마련이다.

두 시간이 넘는 행사 후에 행사장을 떠날 때,

다른 후보들은 카니발 리무진을 타고 행사장을 떠나고 있었다.

그러나 나는 백팩을 메고 강종민 보좌관과 둘이 걸어서 지하철 발산역으로 걸어갔는데 날라갈 듯한 자유로움을 느낄 수가 있었고 큰 행복감에 사로잡혀 있었다.

리무진 타고 떠나는 다른 후보가 전혀 부럽지 않았다.

세번째와 네번째 경선절차는 전문가들을 대상으로 하는 압박토론이었고 다른 어떤 후보에게도 밀리지 않고 잘했다는 평가를 받았으며 군출신이 이렇게 국정전반에 걸친 해박한 지식을 가지고 순발력 있게 토론을 이끌어 갈 수 있다는 사실이 놀랍다는 반응을 보여주었다.

내가 꿈꾸는 나라는 결론적으로 '안전한 나라', '잘사는 나라', '자유로운 나라'이다.

안전한 나라는 외부로 부터의 위협을 억제할 수 있고 유사시 방어할 수 있는 외교력과 국방력을 갖춘 나라이며 윤리도덕과 법치에 의해 건강한 사회질서가 유지되는 나라이다. 또한 누구도 소외됨이 없이 기초적인 생활권이 보장되고, 쾌적한 환경이 보존되며, 집단질병으로부터 보호 받을 수 있는 나라이다.

잘사는 나라는 시대를 앞선 경제적 가치의 창출로 풍요를 이루고 끊임 없이 먹거리와 일거리가 창출되는 나라이다. 박정희대통령은 5천 년 동안 지속된 배고픔을 해결하였고 근대적 국가경제기반체계를 구축하여 오늘날 대한민국이 세계 10대 경제강국으로 도약하는 발판을 마련했다. 삼성의 이건희, 현대의 정주영 등과 같은, 신념 있고 통찰력 있는 기업인들이 대한민국의 경제를 일으키는데 크게 공헌하였다. 이 제 우리는 우리의 선배들이 이룬 성과에 기대어 파이를 나누는 일에 머물러서는 안되며 4차 산업혁명을 선도하여 새로운 도약을 위한 국가적 역량을 결집해야 한다.

<u>자유로운 나라</u>는 누구든 자신이 원하는 것을 추구하고 이룰 수 있는 나라이다. 타인의 자유와 기회를 침해하거나 공공의 이익을 저해하지 않는 한 그 어떤 것도 할 수 있고 이룰 수 있는 나라이다. 건너갈 수 없는 계층사다리가 존재하지 않으며 실개천에서 태어난 가재, 붕어, 개구리도 공정한 기회를 통하여 용이 될 수 있는 사회가 되어야 한다. 국가의 통제력은 국익과 공익을 위한 최소한의 규모로 행사되며 지자체와 집단, 단체의 자율성이 고양되어야 한다.

안전과 번영과 자유는 인간 본능에 가장 가까운 가치이고 인간을 행복하게 해줄 수 있는 가치들이다. 이러한 가치를 보장하고 고양하는 것이 내가 꿈꾸는 나라이다. 사람은 희망에 기대어 사는 사람이 있고 신념에 기대어 사는 사람도 있다. 나는 신념을 갖지 않으면 목표도 가질 수 없고 희망도 실현할 수 없다고 생각한다. 대통령 경선기간 동안 나는 내가 소중히 여기는 가치들을 기반으로 정견발표 및 토론에 참여하였으며 나름 성과를 얻을 수가 있었다.

〈대선 경선당시 정견발표 모습. 원고를 보지 않고 역동적인 연설로 좋은 호응을 얻었다.〉

경선과정에서 함께 경쟁한 12인 후보에 대한 나의 개인적 평가는 다음과 같다.

≫ 장기표 후보

장기표 후보님은 마산공고를 졸업하고 서울대 법대를 나온 법조인 출신 정치인으로서 학생운동가, 민주운동가, 노동운동가, 환경운동가, 사회운동가 등 모든 영역에서의 개혁운동에 참여하신 입지전적인 분이다. 늘 차분하시고 논리적이며 친화적이셨다. 후보군 들 중 최 연장자로서 경선과정에서도 리더로서의 역할을 담당하셨다. 언론을 통해서 바라보다가 직접 대면하여 대화를 나누어 보니 그 분의 깊은 내공이 자연스럽게 느껴졌고 작으신 체구에서도 내면의 압도적인 중량감을 감지 할 수 있었다. 육군병장으로 만기전역 하신 것은 당연하고 작은 부분일 수도 있으나 12인 후보 중에는 미필자도 많다 보니 이 사실조차도 의미 있게 느껴졌다. 경선절차 상에 이견이 발생하거나 조율이 필요할 때는 장후보님의 리더십이 작용되었다.

≫ 유승민 후보

후보군 중에서 개념이 가장 명확하고 논리가 탁월하신 분이다. 국방위 활동 시기에 직간접적으로 접할 기회가 있었고 58년 개띠이다 보니 육사 37기 동기생들 과도 친분이 많은 것으로 듣기는 했으나 나와는 딱히 가까워 질 수 있는 계기가 있었던 것은 아니었다. 필자의 둘째 아들이 위스콘신 대학에서 공부했기 때문에 그 곳에 유학을 다녀온 유 후보와 동문이라는 이유만으로 호감을 느끼는 정도 였다. 유승민후보는 경제학자로서 경제분야에 해박한 것은 물론이고 국가운영의 전반에 걸쳐 모든 분야에 정통한 식견과 비젼을 가지고 있었고 안보분야에서도 전문가를 뛰어넘는 혜안을 가지고 있었다. 정치력을 제외한 개인적 능력으로만 평가한다면 단연 최고의 대통령 후보감이라는 생각이 들었다. 능력 없이, 축적된 정치경력만으로 정치를 도모하는 분들 보다는 한 차원 높은 위치에 있다고 여겨졌다.

≫ 장성민 후보

　장성민 후보는 부러우리 만큼 큰 꿈과 포부를 가지고 있고 용기를 가진 분이란 인상을 받았다. 저런 자신감이 어디서 나오는 것일까 궁금할 정도였다. 40대 초반에 한중일 지도자 포럼에서 정치분야 동북아 차세대 정치지도자로 선정될 만큼 대내외의 평가도 받는 분이다. 경선기간 정견발표나 토론 등에서 보면 대단한 자신감과 주도성을 가지고 참여하였다. 이미 티비조선 '장성민의 시사탱크'를 진행하면서 인지도를 넓혔던 대중적 자산을 믿었기 때문일까, 2017년도에는 사실상의 1인 정당인 국민대통합당을 만들었고 그해 서울 장충체육관에서 열린 국민대통합당 창당대회 및 대통령후보 지명대회에서 19대 대선 후보로 선출될 정도였으니 그 기개가 보통의 상식을 뛰어넘는 분임에는 틀림없어 보였다. 이 분의 용기에는 그 어떤 영적인 힘이 작용된 것이 아닌가 하는 생각이 들었다.

〈정견발표를 대기중인 대선경선후보 박찬주, 윤석열, 장성민〉

〉 홍준표 후보

나는 홍준표 후보에게서 늘 처칠의 향기를 느낀다. 처칠은 제 2차세계대전의 위기속에서 자유민주진영을 결속시키고 두려움에 떨고 있던 영국민들에게 용기를 불어 넣어 줌으로써 전쟁에서 승리하고 새로운 전후질서를 마련하였다. 처칠이 없었다면 미국의 참전도 없었을 것이고 지금의 세계는 전혀 다른 질서 하에 놓여 있을 것이다. 처칠은 인간적으로는 적지 않은 결함을 갖고 있던 사람이다. 그러나 거친 언행속에서도 신념을 잃지 않았고 독수리 같은 통찰력과 불독 같은 돌파력으로 세계를 구한 사람이다.

홍준표 후보는 처칠과 마찬가지로 타고난 언어적 감각과 순발력을 갖고 있는 분이다. 달변이라기 보다는 굵직한 언어를 적시적으로 사용하여 누구도 따라 잡을 수 없는 전달력을 발휘한다. 그는 전신갑주의 멘탈방호복를 입고 있어서 웬만한 무기로는 그에게 치명상을 입힐 수가 없다. 탱크가 지상전의 왕자가 될 수 있었던 것은 강력한 화력에서도 비롯되지만 어느 화기로도 뚫을 수 없는 철갑을 두르고 있기 때문이다. 그는 설령 상대의 공격을 먼저 받더라고 쓰러지지 않고 대응할 수 있는 에너지가 잠재되어 있다. 그는 정치를 하면서도 조직에 의존하여 힘을 발휘하는 것이 아니라 본인 스스로의 정치력으로 정치를 해왔다. 그는 누구에게도 빚 진게 없어서 사고와 행동에 자유를 가지고 있다.

그는 강자에게 비굴하지 않고 약자에게 군림하지 않는 심성의 소유자이다. 대학입학시험 정시의 확대, 극악무도한 범죄자에 대한 사형집행, 전술핵무기 재배치, 국회의원 정수를 반으로 축소 등, 여론의 눈치를 보며 언급을 자제하는 일반 정치인들과는 다르게 그는 자신의 신념을 따르는데 있어서 주저함이 없다. 그게 홍준표의 매력이다.

그는 방위로 병역의 의무를 마쳤다. 그 사실에 대해 본인도 자부심을 가지고 있었고 나도 그가 자부심을 가질 만 하다고 평가한다. 왜냐하면 후보군 중에서 병역을 면제 받은 황교안, 원희룡, 윤석열 후보 등은 법조인이라는 공통점을 가지고 있는데 만약 이 분들이 병역의 의무를 이수해야만 하는 상황이었다면 그 분들이 과연 사법고시를 패스할수 있었을까. 물론 능력 있는 분 들이라서 가능할 수도 있었겠지만 어려움이 적지 않았을 것이다. 반면에 홍준표후보는 방위로 근무하는 기간 중에 일과 후 사법고시를 준비하여 패스한 분이다. 그렇기 때문에 그의 병역의무는 더욱 크게 빛난다.

나는 홍준표후보가 대통령이 될 경우 그가 대한민국의 국정을 이끌어 가는 모습은 어뗘할까 상상해 보았다. 그는 아마도 모든 면에서 당당한 모습을 보여줄 것 같았다. 정치적인 쇼에 집착하지 않고 공정과 상식을 사회전반에 투영하면서 군대다운 군대, 검찰다운 검찰을 만들어 낼 것으로 생각되었다.

〈홍준표후보를 중심으로 원팀이 되기로 결의 했던 후보들
왼쪽부터 박찬주 최재형 홍준표 안상수〉

≫ 황교안 후보

황교안 후보는 이회창 전 대통령후보와 공통점이 많다. 두 분 모두 법조인 출신으로 국무총리를 역임했고 60대 초반에 총리직을 마치고 정치계에 발을 들이면서 곧 바로 당권을 잡았다는 점과 원칙에 충실하면서 매우 안정적인 이미지로 보수층의 지지를 받았다는 점 등이다. 그러면서도 황교안 후보는 박근혜 정부 시절 법무부 장관과 국무총리에 이어 6개월 동안 대통령 권한대행을 수행하기도 했다. 황교안 후보는 독실한 기독교인으로서의 신앙심과 차분한 성격, 깔끔한 외모, 중저음의 목소리 등으로 많은 국민들의 호감을 받아왔던 분이다. 자유한국당 입당 43일 만에 당대표에 당선되었고 신설된 미래통합당의 초

대 당대표가 되어 그 누구도 가질 수 없었던 유리한 정치적 여건을 만나게 되었다. 그러나 그 절호의 기회를 살리지 못하고 쇠락한 것은 참으로 안타까운 일이다. 안타깝다는 단어는 그가 정치권에 몸담은 이후 습관처럼 가장 많이 사용하던 화법이다.

그의 정치적 몰락을 가져온 4.15 총선의 패배는 정치적 여건이나 환경보다는 전략의 부재에서 비롯된 것이었다. 선거는 군대의 전투와 유사한 점이 많다. 전투에서 승리하기 위해서는 계산된 모험을 감수할 수 있는 용기가 있어야 한다. 모든 위험에 대처하려는 자는 결코 승리할 수 없다는 것이 전술의 요체이다. 싸워 이기겠다는 사고와 지지 않겠다는 사고는 모험에 대한 인식의 차이에서 비롯되는 것인데 그 결과의 차이는 천양지차가 된다. 4.15총선은 무사안일주의적 공천에서 이미 승패가 결정된 전투였다. 더구나 리더는 권한의 위임에 신중해야 한다. 권한을 주도하지 못하고 포기하거나 방기하는 것은 리더가 피해야 할 가장 위험한 행동이다.

대통령 경선내내 황교안 후보는 4.15총선의 부정선거 의혹에 대해 집요하게 물고 늘어졌다. 이것은 극렬 보수층의 호응을 얻기는 하였으나 상대적으로 국정운영에 대한 큰 그림을 전달할 기회를 갖지 못했고 그러한 전략자체가 스스로 메이저(유력)후보가 아니라는 점을 부각시키고 있었다. 황교안 후보는 2차 컷오프에서 4위안에 들지 못해 탈락하였다. 별의 순간이 사라지는 듯 보였다. 하나님은 사랑하는 자에게 복을 주시기보다 고난을 통한 연단을 선호하신다는 사실을 느끼게 되었다.

≫ 안상수 후보

안상수 후보는 경기고와 서울대를 졸업한 기업인 출신의 정치인으로서 두번의 인천광역시장과 3선의 국회의원을 지낸 분이다. 충청도 출신 답게 경선내내 충청도 양반의 기질을 여과 없이 나타내 주셨다. 인정 많고 유머가 넘치는 말씀으로 후보들 좌중의 분위기를 주도하기도 했고 경선발표나 토론시에는 유머가 담긴 소재와 내용을 가지고 이목을 끌었다. 토론도중 빗자루를 들고 나와 무대를 청소 한다든지 망치를 들고 나오는 등 파격적인 퍼포먼스를 선보였는데 이러한 다소 기행적인 모습에 대해서는 "사이다다" "재밌다" 등의 좋은 평가와 함께 "민망하다" "수준이 떨어진다"는 나쁜 반응이 엇갈렸다. 내가 보기에는 그러한 제스쳐가 일종의 해학적 도구였고 남들이 할 수 없는 재능의 일부였으며 전체적인 경선분위기에도 긍정적인 영향을 끼쳤다고 본다.

≫ 윤석열 후보

"사람에게 충성하지 않는다"는 말로 윤석열 후보는 자신의 거의 모든 것을 드러냈다고 보여진다. 원칙을 지키고 외압에 굴복하지 않는 당당한 모습은 윤석열 후보로 하여금 보수층의 새로운 대안으로 등장하게 만들었다. 그리고 그 외압의 대상이 문재인 대통령이었고 '사람'에게 충성하지 않는다는 그 '사람'이 바로 문재인 이었기 때문에, 문재인을 증오에 가깝게 싫어 하던 보수층에게는 윤석열 후보가 새로운 카타르시스를 가져다 주고 있었다.

경선과정 내내 나는 윤석열 후보가 부러웠다. 그 이유는 정견발표든 토론이든 매 번의 과정마다 그를 뒷받침해 주는 전문가 그룹이 넘쳐 났기 때문이다. 그의 손에는 그때 그때 필요한 자료들이 적시적으로 제공되고 있었고 시간이 흐를수록 윤후보의 자세는 안정감을 되찾고 그의 기량은 일취월장으로 성장하는 것이 보였다. 국정운영 전반에 걸쳐 어떤 주제에 대해 무슨 말이든 주저하지 않고 내 뱉을 수 있는 역량을 갖는다는 것은 공직생활에만 전념해 온 사람에게는 쉽지 않은 일이다. 도지사든 국회의원이든 정치적 경험이 있는 분들은 경선과정에서 훨씬 수월한 위치에 있을 수 밖에 없었다. 후보들 중에서 공직생활하다가 정치경험 없이 대선 경선에 참여한 사람은 나와 윤석열후보, 최재형후보 딱 세명 뿐이었다. 현직 국회의원들은 의정활동을 통해서 축적된 경험이 있고 그나마 보좌진들의 뒷받침이 있었다. 그러나 토론을 잘하느냐 아니냐, 국정에 대해 해박하냐 아니냐, 개념이 있냐 아니냐가 대통령을 결정하는 것은 아니었다.

그에게 이미 별의 순간(Sternstunden)이 다가오고 있었다.

〈경선과정에서 인사를 나누는 필자와 윤석열 후보〉

≫ 최재형 후보

최재형 후보는 새로운 리더를 기다리고 있는 보수층의 누적된 갈증에 청량수 같은 시원함을 가져다 주신 분이다. 보수층이 애타게 기다리던 큰바위의 얼굴이 바로 이 분이 아닐까 하는 기대감이 대단했고 깊은 바다 밑에서 잠자던 용이 승천한 분위기 였다. 경기고등학교와 서울대법대를 졸업하고 육군법무관으로 군복무를 마쳤다.

경선내내 온화하면서도 강직함이 몸에 밴 분이라는 것이 느껴졌고 시류에 편승하지 않고 정도를 걸어온 인생의 무게가 그의 언어에 담겨 있었다. 최후보의 부친은 6.25 참전용사였고 형제와 자녀 모두 병역의 의무를 이행한 병역명문가 집안이다. 고등학교 시절에는 소아마비를 앓고 있던 친구를 업고 등하교 하면서 같이 사법시험에 합격한 일화와 함께 2명의 아들을 입양하여 키운 일화들이 알려져 있다. 정치입문 이후 상속세 폐지라든가 낙태반대 등 정통보수주의적 이념 기반을 나타냈다. 독실한 기독교 장로로서 여러가지 면에서 황교안 후보와도 오버랩 되는 부분이 많다.

경선내내 그는 점잖고 차분한 이미지 속에서 모범생 다운 모습을 보여주었고 나의 수도이전 정책공약에 대해서 관심을 표명해 주기도 했다. 정치는 링 위의 싸움터로서 때로는 싸움꾼으로서의 기질이 필요한데 과연 정치권에서도 '仁者無敵'이 적용될 수 있는 것인지는 좀 더 지켜봐야 할 것 같다는 생각이 들었다.

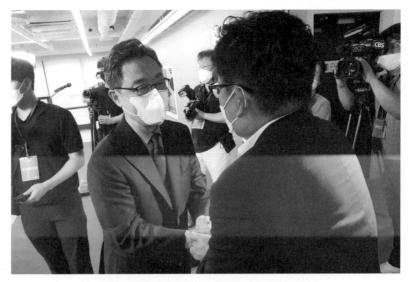

〈서로 선전을 기원하는 최재형 후보와 박찬주 후보〉

≫ 원희룡 후보

원희룡후보는 제주가 낳은 천재로 불린다. 대입학력고사 전국 1등, 서울법대 수석 입학, 사법고시 수석 합격 등 수석이란 단어가 학력과 경력마다 달려 있고 수석입학 소감에서 "학교수업에 충실하고 교과서 중심으로 공부했습니다"라는 단골 유행어의 창시자로 알려져 있다. 3선 국회의원과 두번의 제주지사 경력을 바탕으로 대선주자로서 많은 경험을 축적하고 있었다. 제주에는 내가 아는 몇몇 지인들이 살고 있는데 제주지사로서의 도정에 대한 평가는 의외로 우호적인 편이 아니었다.

경선기간동안 원후보는 다른 후보와 잘 어울려 지내는 모습은 아니었으며 분주히 왔다갔다 하면서 무엇인가 준비하는 모습이었고 토론에 있어서는 남다른 감각과 순발력으로 대처해 나갔다. 자신 있는 어조로 단호하게 발언하는 모습은 그의 트레이드 마크처럼 여겨졌는데 때로는 그러한 특성이 가벼움으로 받아들여지는 여지도 있어 보였다.

정치는 경쟁의 성격이 강한 것일까 아니면 싸움의 성격이 강한 것일까. 아마도 두가지 다 일 것이다. 경쟁에는 수석이 있고 싸움에는 승자가 있게 마련인데 과연 원후보는 정치에서 승자가 될 수 있을지 아니면 영원한 잠룡이 될 것인지 주의 깊게 지켜보고자 한다.

≫ 하태경 후보

우리당이 여당일때는 여당내 야당, 우리 당이 야당일 때는 야당내 야당이란 소리를 들어온 분이다. 개혁성이 강하고 주류세력의 독선이나 일탈을 견제하는 역할도 마다하지 않는 용기를 가지고 있다. 용기란 두려움이 없는 상태가 아니고 지성이 가리키는 불빛을 따라 움직이는 의지를 의미한다. 투박하고 정제되지 않은 어휘력을 사용하지만 늘 진심이 묻어나고 전달력이 강하다. 언제나 주권자인 서민을 지향하고 청렴하며 개인의 영달을 위해서 정치하는 분이 아닌 것은 분명해 보인다. 그래서 하후보는 보수의 일정한 지분을 소유하고 있다고 본다. 주류로서 보다는 아웃사이더로서의 역할에 더 적합한 분이라는 생각이 들었다.

나는 제 1의 대선 공약으로 수도이전을 제시 했었다. 군사적으로 수도가 전선에 너무 가까웁고 북한의 핵위협이 현실화 된 점을 고려하여 안보적 융통성을 가질 필요성은 물론, 수도권 과밀화 해소와 국토 균형발전 차원에서도 지금의 수도권을 방치해서는 안되며 천안과 청주, 대전을 잇는 인구 5~7백만의 메가시티를 조성하여 입법, 사법, 행정부를 이전하자는 취지였고 이를 위해서는 헌법개정이나 국민투표도 고려해야 한다는 요지다. 그런데 하태경 후보도 수도이전을 공약으로 제시함에 따라 나의 공약이 외롭지 않게 되었고 연대감을 느낄 수 있었다.

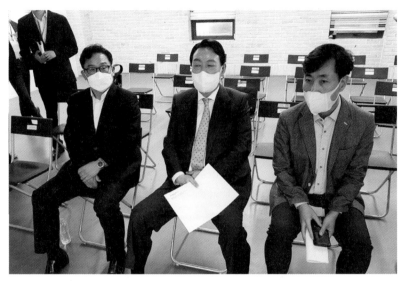

〈차례를 기다리는 박찬주, 윤석열, 하태경후보〉

≫ 박진 후보

박진 후보는 서울대 법대를 나왔지만 법조인의 길을 걷지 않고 외교관 출신으로 정치에 입문한 분이다. 해군중위로 병역을 마쳤고 하버드 대학에서 석사를, 영국 옥스퍼드 대학에서 박사 학위를 받은 인재이다. 김영삼 대통령의 통역을 담당한 것으로 유명하기도 하고 대통령비서실 홍보비서관, 해외공보비서관, 정부기획비서관 등을 역임한 후 4선 국회의원으로 활동 중이다.

넉넉한 풍채, 훤칠한 마스크, 배운 티가 나는 귀족적 이미지는 나를 포함한 많은 국민들에게 호감을 주었다. 경선과정에서 순서에 따라 다음사람에 대해 칭찬하는 코너가 있었는데 마침 내 다음이 박진 후보였다. 나는 박진 후보에 대해 "결점이 없는 분으로 보인다"는 취지로 칭찬했는데 뒤늦게 생각해 보니 그것은 최고의 칭찬이기도 하지만 한편으로는 결점 없는 것이 오히려 큰 결점이 될 수도 있다는 생각이 들었다.

〈열두명의 20대 국민의힘 대선경선 후보들. 이렇게 훌륭한 후보들과 함께 경쟁의 무대에 섰다는 것은 나에게 명예스런 일이었다. 그러나 그 분들 역시 육군대장인 나와 함께 했다는 사실이 명예로운 것은 마찬가지라고 생각한다〉

B. 마지막 소명

나는 가난한 농부의 아들로 태어나 육사에 들어갔고 40년 이상을 국가방위에 헌신하면서도 국가의 혜택을 받아 네 번의 독일 군사유학을 다녀왔다. 유학기간을 합하면 거의 10여년에 달한다. 그 덕분에 군사전략가, 전투전문가, 군사행정가, 기갑전의 세계적인 권위자, 군사외교 전문가로서의 명성을 얻을 수 있었다. 스스로 언급하기 쑥스러운 이야기 이지만 많은 후배들은 박찬주 대장이야말로 김관진 대장과 함께 우리 군에서 10년에 한번 나올까 말까 하는 역량 있는 인물이라고 평가해 주곤 한다.

사람은 두가지 부류가 있다고 한다. 하나는 희망에 기반을 두고 사는 사람이고 다른 하나는 신념에 기반을 두고 사는 사람이다. 내가 존경하는 역사속 인물 즉, 처칠이나 비스마르크, 이순신, 롬멜, 채명신과 마찬가지로 나는 신념에 기반한 삶을 살아왔다고 생각한다.

〈한미연합사 엠블렘〉

〈박근혜 대통령으로부터 삼정검을 하사 받는 모습〉

나에게 다시금 그 어떤 기회와 여건이 주어진다면 나는 나의 지식과 경험과 역량을 살려서 세가지 분야에서 나름대로의 기여를 해보고 싶다. 첫째는 미래환경에 부합되도록 우리 군의 상부구조를 개편하는 것이고 둘째는 한반도에서 전쟁을 예방하는 것이며 셋째는 남북통일을 준비하는 것이다.

a. 군 상부구조 개편

　우리는 6.25 전쟁종료후 휴전체제로 전환했기 때문에 언제 다시 재발할 지 모르는 만약의 사태에 대비하여 현존 위협에 치중할 수 밖에 없었다. 전쟁이 종료될 당시의 부대 배치 그대로 진지를 강화하면서 경계작전과 훈련에 매진 해 왔다. 그렇기 때문에 먼 미래를 내다보고 미래 전장에 대비하려는 근본적인 군구조의 개혁에는 한계가 있었다.

　더구나 한반도 전구작전(Theater Operation)의 지휘권을 6.25 전쟁이후 유엔사에서 행사하다가 추후 한미연합사가 창설된 이후에는 한미연합사령관이 (한미 연합군에 대한) 작전지휘권을 행사하게 되었고 그러다 보니 우리 군 스스로의 전구작전(Theater Operation) 수행능력 확보에는 소극적일 수 밖에 없었다.

　우리 군의 상부구조에서 가장 큰 문제점은 합참의 성격에서 출발한다. 국군조직법상 합참은 군통수체계에 대한 군령보좌 기능과 작전지휘기능을 동시에 가지고 있는데 조직의 구성 자체는 군령보좌기능에 맞춰져 있을 뿐 전구작전을 지휘하는 사령부(Theater Warfighting Command) 로서의 기능발휘에는 적합하지 않기 때문에 문제라는 것이다. 한미연합군사령관이 전시작전권을 행사하는 동안에는 당장 문제가 없겠지만 만약 전시작전권이 한국군에 전환된다면 당장 지휘구조문제가 발생하게 된다.

그러한 이유로 미측은 한측과 전시작통권 전환을 협의하는 과정에서도 이러한 한국군의 모순된 상부구조의 문제점을 해소해야 한다는 요구를 해 왔다.

현실적으로 가장 합리적인 방안은 합참은 소규모로 편성하여 군통수권에 대한 군령보좌기능에 충실하게 하고 전구작전을 지휘할 합동군사령부를 별도로 설치하여 제공된 육해공 해병대 전력을 지휘하면서 하루 24시간 오직 전투임무(Warfighting)에 전념토록 하는 방안이다.

이렇게 할 경우 한미간 협의하고 있는 미래사령부 구성에도 용이하고 주권국가로서 우리 군 스스로의 전쟁수행능력을 확보할 수가 있게 된다.

다만 이렇게 합참의 기능을 조정 할 경우 군의 상부구조가 비대해진다는 비판을 받을 수 있는데 이에 대한 해소방안으로는 군령과 군정으로 이원화된 상부구조를 단일화하는 것이 바람직한 선택이다. 군정권을 행사하는 각군 총장에게 군정권과 군령권을 통합하여 행사하도록 함으로써 군정권은 장관으로부터, 군령권은 합동군사령관으로부터 위임 받도록 하는 것이다. 이러한 군제는 통합군제는 아니지만 강화된 합동군제로서 단일전구에서 그 효율성을 발휘하는데 큰 장점을 갖게 될 것으로 보인다.

아울러 국방부와 합동군사령부를 수도권에서 벗어나 군사적 관점에서 재배치하는 것이 필요하다. 국방부와 합참이 적의 포병사거리내에 위치할 수 밖에 없었던 이유는 6.25전쟁시 수도사수의 의지와 명분을 지키기 위한 불가피한 선택이었다. 그러나 이제 세월이 흘렀고 남북한 공히 전력이 현대화 되었으며 북한의 핵위협이 현실화된 상황에서는 유사시 우발사태에 대비하고 전구작전지휘의 융통성을 확보하기 위해서라도 후방으로 재배치되어야 한다. 그 위치로는 한반도 전구작전을 효과적으로 지휘할 수 있는 곳이어야 하는데 대략 차령산맥 이남 지역이어야 하며 북위 36도선이나 35도 선이 적절할 것으로 보인다.

미래 전장에서 승리의 관건은 육해공군 전력을 여하히 현장에서 효율적으로 통합하느냐에 달려 있다. 그렇기 때문에 미국을 포함한 세계 각국은 소위 합동성(Jointness)강화를 위한 인적, 물리적 통합노력을 가속화하고 있다. 우리의 경우는 3군 독자적 운용체계가 관습화 되어 합동성강화를 위한 기반은 매우 취약한 편이다. 일본자위대의 위상이 우리 군에 미치지 못하지만 합동성분야에 있어서는 우리를 앞선다는 평가를 받는다. 합동성 강화를 위해서는 교리의 합동성, 무기체계의 합동성, 운영의 합동성에 앞서 그 기반이 되는 인적 합동성 강화가 필요하다. 그 첫걸음이 육해공군 사관학교를 통합하여 장교 양성과정에서부터 합동성의 기반을 마련하는 것이다.

일본의 방위대학교는 육해공군 구분없이 사관생도를 통합선발한 후 2학년이 되어야 군을 선택 한다. 그 이후에도 내무생활과 학위교육은 육해공군 구분없이 통합해서 이루어지며 군사학은 필요에 따라 분리하여 실시하는 방법을 따른다. 임관 후에도 육해공군 동기생과 선후배 사이에 교류가 활성화 되어 있는 반면 같은 해에 임관했어도 육해공군 장교들 간에 아무런 교류가 없는 우리 군과는 사뭇 대조적이다. 미국과 같이 자국(Inland)내에서 전쟁을 치르는 것이 아니라 域外에서 전쟁을 치르는 나라에서는 육해공 각군의 역할은 전력제공자 역할에 집중하기 마련이다. 그러나 우리나라와 같이 단일전구내에서 Inland전쟁을 치루어야 하는 국가는 다르다. 합동성 강화를 위한 기반조성을 위해 육해공군 통합사관학교의 설치가 필요하다. 통합사관학교의 교장은 육해공군이 3년씩 돌아가면서 존경받는 예비역 장성이 맡으면 좋으리라 판단된다.

b. 한반도에서의 전쟁 예방

퀸시 라이트(Quincy Wright) 의 전쟁론(A Study of War)에 의하면 서기 1500년 이후 인류는 일년에 한번 꼴로 전쟁을 치루었으며 현대에 가까워 질수록 그 빈도는 늘어나고 있다. 참고로 1946~2010년 사이에는 246회의 무력분쟁이 발생했다.

듀란트(Durants)의 저서, '역사의 교훈(The Lessons of History. 1968)'에 의하면 지난 3421년의 인류역사에서 전쟁이 없었던 기간은 268년에 불과하다.

흔히 인류의 역사는 전쟁의 역사라고 부른다. 전쟁은 왜 일어날까. 전쟁을 방지할 수는 없는가. 이에 대해 장자크 루소는 "전쟁이 일어나는 이유는 전쟁을 없앨 수 있는 수단이 없기 때문이다" 라고 말한다.

인류의 역사에서 전쟁이 끊임없이 일어나는 이유는 전쟁의 본질에서 비롯된다. 전쟁의 본질을 가장 명쾌하게 정의했다고 평가 받는 사람은 독일제국의 핵심국가였던 프로이센의 군사사상가 '칼 폰 클라우제비츠' (Carl von Clausewitz)이다. 그는 전쟁의 본질에 대해 "전쟁은 정치의 수단이며 정치의 연속선상에 있다"고 정의하였다. 즉 정치가 존재하는 한, 전쟁은 정치의 매력적인 수단으로서 선택될 수 밖에 없는 것이다. 인류역사에서 정치가 존재하는 한 전쟁도 방지할 수 없다는 역설이 드러난다.

미국이 이라크를 침공하기 전에 이라크의 원유 채굴권은 프랑스와 중국, 러시아가 나누어 갖고 있었고 미국과 영국은 배제되어 있었다. 그러나 이라크가 미국과 영국이 주도하는 다국적연합군에 의해 점령된 후 이라크의 원유채굴권은 영국이 독점하고 미국이 분담하는 상황이다.

보라! 전쟁이라는 수단을 제외하고 그 어떤 정치적, 경제적, 외교적 수단으로 이런 상태변화를 얻을 수 있는가. 이것이 정치의 수단으로서 전쟁의 매력인 것이다.

전쟁의 목적은 '전후 새로운 질서를 구축'하는 것이다. 그리고 인류는 수많은 전쟁을 통하여 새로운 질서를 구축해 왔기 때문에 인류의 역사가 곧 전쟁의 역사가 될 수 밖에 없었던 것이다.

전쟁을 일으키는 것은 정치가들이고 목숨 걸고 싸우는 것은 군인들이며 피해와 고통을 받는 것은 국민들이다. 그렇다면 어떻게 전쟁을 예방할 수 있나. 전쟁은 증오하고 외면한다고 해서 막아지는 것도 아니고 평화를 간절히 기대하고 염원한다고 해서 그 평화가 얻어지는 것도 아니다.

5천년 역사동안 수 많은 외부의 침략 앞에서 우리가 선택해야 할 옵션은 '전쟁이냐 평화냐'가 아니었다. 단지 전쟁이냐 굴종이냐의 선택이 있었을 뿐이다. 굴종을 주장했던 사람들은 그 굴종을 평화라고 주장하였다. 요즈음에도 일부 정치인들은 "아무리 나쁜 평화도 좋은 전쟁보다 낫다"고 서슴 없이 말하는 정치인들이 있다. 전쟁을 막기 위해서는 어떤 굴종도 마다할 수 없다는 패배주의적 또는 몽환적 감상주의의 인식이 표출된 것인데 이 발상 대로라면 북한 김일성의 6.25 남침도 맞서 싸울 일이 아니었고 UN군의 참전도 부적절한 것이었으며 한반도 공산화도 받아들이고 수용 했어야 한다는 논리다. 그리고 이 논리는 고종황제를 압박하고 일제의 식민지배를 합리화한 이완용의 평화론과도 정확히 궤를 같이 하는 개념이다. '전쟁은 선의와 악의의 싸움'이라는 유아적 사고에서 벗어나 전쟁의 본질은 의지의 충돌이라는 점을 직시해야 한다.

'평화를 원하거든 전쟁에 대비하라'는 로마시대 전략가 베게티우스의 격언은 누구도 부인할 수 없는 안보 명제이다. 평화라는 것이 어떤 선언이나 상대와의 합의에 의해 이루어질 수 있다고 믿는 감상적 평화주의자들은 역사를 주목해야 한다. 역사적으로 보면 평화협정이 평화의 출발이 된 것보다는 오히려 전쟁의 서곡이 된 경우가 대부분이다. 1.2차 세계대전, 월남의 패배 등이 대표적인 케이스이다.

전쟁 역사가들은 공통적으로 일관되게 말한다. 전쟁이 발생하는 요인에는 여러가지가 있으나 한가지 결정적인 요인이 있는데 그것은 '힘의 균형이 무너졌거나 힘의 균형이 무너졌다고 오판하는 경우'이다. 이 말은 역설적으로 힘의 균형을 유지하면 전쟁이 발생하지 않는다는 것이다. 평화라는 단어를 군사적으로 그리고 안보역학적으로 표현하면 '힘의 균형'(balance of power)이라고 할 수 있다. 나는 균형이라는 단어를 참 좋아한다. 그리고 '안정'(stability)이라는 단어를 소중하게 생각한다.

1949년 주한미군이 철수하자 그 다음 해에 북한의 김일성은 242대의 소련제 전차를 앞세우고 압도적인 전투력으로 남침을 감행했다. 남북한간 힘의 균형이 무너졌다고 판단했기 때문이다. 그리고 우리는 3일만에 수도 서울을 빼앗기고 속수무책으로 밀려났다

그 때 무너진 힘의 균형을 회복시켜 준 것은 미국이 주도한 UN군의 참전이었으며 이어서 북한의 입장에서 볼 때 다시 힘의 균형을 회복시킨 것은 중공군의 참전이었다. 양 진영간에 힘의 균형이 이루어지자 전선은 고착되었고 2년여에 걸친 지리한 공방전 끝에 결국 휴전에 돌입했다.

6.25전쟁이후 북한은 "全인민의 무장화", "全국토의 요새화"라는 기치 아래 거대한 병영국가를 구축하였고 이에 맞선 우리는 한미동맹을 기반으로 하는 한미연합군을 구성하여 힘의 균형을 유지해 왔다. 이 시기에 비록 군사적 긴장관계는 있었지만 쌍방이 공히 상대를 어찌할 수 없는 힘의 균형상태를 유지 했기 때문에 안정을 유지할 수 있었다.

그러나 이러한 남북간 힘의 균형은 북한의 핵무장으로 무너졌다. 북한의 핵위협은 고도화, 다양화 되었을 뿐만 아니라 투발수단의 안정성과 정밀성도 상당한 수준에 도달한 것으로 보인다. 남북간 힘의 균형이 깨졌다는 것은 전쟁의 그림자가 우리 곁에 다가왔다는 뜻이다. 핵무력에 대한 힘의 균형은 재래식 전력으로 이룰 수 있는 사안이 아니다. 핵을 가진 국가와 핵을 갖지 못한 국가 간에는 힘의 균형이라는 잣대 자체를 도입할 수가 없다.

북한 핵위협에 대한 한미의 대응전략은 확장억제전략이다. 확장억제란 미국의 동맹국에 대하여 제3국이 핵공격을 위협하거나 핵능력을 과시하려 할 때 미국의 억제력을 이들 국가에 확장하여 제공한다는 개념이다. 과거부터 사용해 오던 핵우산정책의 연장선상에 있다고 보면

된다.

해마다 10월이 되면 한미는 양국 국방장관이 참여하는 SCM에서 한국에 대한 미국의 핵우산공약을 공동 코뮤니케 형식으로 발표해 왔다. 이에 비해 확장억제정책은 선언적 의미만 있었던 핵우산공약보다는 구체화되었고 한미간에 확장억제전략협의체가 가동된다는 점에서 진전되었다고 볼 수 있다. 왜냐하면 한미간 확장억제협의체가 출범하기 전에는 한미간에 핵우산이라는 단어 외에는 핵과 관련된 발언을 하는 것 자체가 금기시 되어 있었기 때문이다.

〈핵탄두로 추정되는 물체를 시찰하는 김정은 위원장〉

필자도 현역시절 한국 합참을 대표하여 확장억제협의체에서 활동한 경력을 가지고 있다. 한미간 확장억제 협의체에서 논의되는 내용 중에 막상 핵무기는 존재하지 않는다. 핵무기라는 단어가 언급되지 않는다는 뜻이다. 오로지 핵의 투발 수단만이 거론될 뿐이었다. 그것도 미사일이나 핵잠수함을 제외한 전략폭격기나 항공모함 정도가 거론될 뿐이었다. 핵확장억제전략에 있어서 미측은 "나를 믿어라"라는 입장이나 우리에게는 여전히 프랑스의 드골대통령이 가졌던 의문이 남는다. 과연 미국은 파리를 또는 서울을 보호하기 위해 LA나 워싱턴을 희생시킬 각오가 되어있는가.

지금까지 미국의 확장억제 의지를 과시해 온 것은 전략폭격기나 항공모함 등 핵투발 수단의 한반도 전개가 핵심이었다. 반면에 지금까지 핵무기를 눈으로 본 한국의 당국자는 아무도 없었고 핵무기 운용절차나 제원 등에 관한 정보를 공유한 적도 없다. 미국이 우리의 국방부장관이나 합참의장을 미국에 초대하여 B-1B 전략폭격기의 날개를 만져보게 하고 이 날개에 핵폭탄이 장착된다는 메세지를 공개하면서, "이제 미측의 확장억제 의지에 대한 신뢰를 가지라"고 하는 것은 무리다. 확장억제는 한마디로 "네 이웃을 네 몸처럼 사랑하라"는 그리스도의 가르침을 핵위협 대응에 실천하려는 것이나 마찬가지 아닐까.

이제 우리는 사활을 걸고 실질적인 힘의 균형을 확보하기 위한 다양한 옵션을 준비해야 한다. 1980년대말 북한의 핵개발에 빌미를 주지 않기 위해 한반도에서 철수한 전술핵무기의 재배치가 가장 현실적인 균형책이다.

북한의 핵저지가 되돌릴 수 없는 수준에 이르렀다는 확신이 있을 때는 오히려 미국 주도하에 한반도 전술핵 재배치가 추진될 가능성이 있다. 핵에 의한 힘의 균형을 이루게 되면 서로가 더욱 신중하게 되고 오히려 국지적 긴장이 줄어들면서 김정은의 통치기반이 점차 약화될 가능성이 있다. 그러한 시점에서 우리에게는 통일을 위한 새로운 기회가 다가올 가능성이 있다.

평화를 지키기 위한 최상의 비밀병기는 바로 전쟁이다. 전쟁 할 각오를 가지고 있으면 평화를 지킬 수 있다.

〈2023년 7월 27일 북한 전승절에 등장한 대륙간탄도미사일 화성-18〉

c. 남북통일을 위한 준비

내가 독일육사로 유학을 갔던1977년은 소련을 중심으로 한 바르샤바 조약기구와 미국을 중심으로 하는 NATO(북대서양 조약기구)간 동서냉전이 정점에 달했던 시기이다. 소련은 동독내에 40개 전투사단을 배치하고 서독에 배치된 미영불 연합국과 대치하였다.

어느 날 독일에서 기차를 타고 가던 중 앞자리에 마주 앉은 할머니와 우연히 대화를 나누다가 그 할머니가 동독에서 온 분이란 사실을 알고 깜짝 놀란 적이 있다. 동서냉전으로 살벌한 그 시기에도 동서독간에는 이미 만 65세 이상의 상호가족방문이 지속되고 있었으며 우편과 TV, 라디오가 개방되고 있었다.

1945년 2차 세계대전에서 패한 후 독일은 4등분으로 나뉘어진 상태에서 미.소.영.불 4개 전승국에 의해 분할점령되었다가 1949년 미국과 영국, 프랑스가 점령했던 지역에는 독일연방공화국(서독)이 설립되고 소련이 점령했던 지역에는 독일민주공화국(동독)이 설립되어 분단 국가가 되었다.

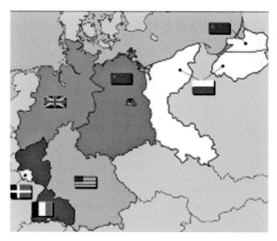

〈미-영-불-러 전승 4개국에 의해 분할된 독일〉

동서독 국경에는 남북한처럼 비무장지대가 설치된 것이 아니라 군사분계선만 표식된 상태에서 동독은 군사분계선 후방 100m를 따라 철조망을 설치하였고 2km 단위로 망루형 초소를 세워서 국경을 감시하였다. 반면에 서독은 별도의 장애물 없이 국경선을 따라 전술도로를 개설한 후 차륜형 장갑차로 구성된 전투정찰대로 순찰활동을 전개하였다.

베를린은 소련이 점령한 동독의 한가운데에 있었으며 베를린 역시

4등분하여 미,소,영,불 4개국이 분할 점령하였다. 1949년 독일연방공화국이 설립됨에 따라 미,영,불 3개국이 점령한 지역은 서베를린으로 통합되고 독일연방공화국, 즉 서독의 영토가 되었다.

우리가 흔히 생각하는 동서독 장벽은 동독과 서독의 국경선이 아니라 서베를린과 동베를린을 가르는 장벽을 일컫는다. 최초에는 철조망을 설치했다가 콘크리트 장벽으로 강화되었다. 서베를린은 동독영토 안에 고립된 도시로서 일종의 섬이었으며 서독지역에서 서베를린에 이르는 통로로는 두개의 고속도로가 있었다. 한때는 소련이 육로를 11개월동안 봉쇄하고 서베를린을 동독으로 통합하려는 의도가 있었으나 연합군측이 군수송기를 이용하여 대대적인 생필품을 운송하였고 소련의 의도는 저지되었다.

〈동독군 장교가 서독으로 탈출하는 극적 장면〉

독일사관학교 생도시절 나는 일반 여행사를 이용하여 육로로 서베를린 관광을 다녀온 경험이 있다. 2박 3일 일정으로 다녀온 뒤에 사관생도는 항공기 편으로만 서베를린을 갈 수가 있었고 육로 이용은 금지되어 있다는 사실을 알게 되었다. 나는 학교측에 이 사실을 알렸고 학교측에서는 다행히 구두경고하는 것으로 이 문제가 마무리 되었다. 육로를 이용하여 서독에서 서베를린으로 갈 경우에는 몇 번의 검문절차가 있었다. 우선은 서독에서 동독으로 입국할 때에 국경수비대의 검문이 있었고 장시간 동독지역을 통과하여 서베를린으로 입국할 때는 거꾸로 동독과 서독의 검문을 통과해야 했다. 동독 수비대의 병사는 정복에 철모를 쓰고 소총을 어깨위에 가로로 메고 있었으며 무릎까지 오르는 통가죽군화를 신고 있었다. 국경수비대 병사는 근엄한 얼굴로 여행사 버스에 올라와서는 일일이 여권을 확인하고 여권사진과 얼굴을 비교하였다. 사관생도 복장을 한 내 여권사진을 유심히 들여다 보던 동독군인은 별도의 언급 없이 내 여권을 돌려주고 지나갔다.

1945년 2차 세계대전에서 패한 나치의 독일제국군은 해체되었으며 1949년 독일연방공화국이 설립된 이후에도 서독은 군대를 보유하지 않고 있었다. 그러던 와중에 한국전쟁이 일어났고 동독에 배치된 소련군이 계속 증강되자 미, 영, 불 연합군은 독일의 재무장을 추진하게 되었고 1956년 독일연방군이 창설되었다. 독일연방군은 50만 여명의 상비군을 유지하게 되었고 5천대 이상의 전차를 보유하였다.(지금의 한국군이 전차 2300여대를 보유하고 있는 점을 비교하면 당시 독일의 상비전력은 큰 군사력이었으며 나토군 중에서 미국 다음으로 큰 군대였다) 병역은 징병제를 채택하였으며 24개월 의무복무제를 시행하였다. 서베를린에 거주하는 사람들은 병역이 면제 되었다.

2차 세계대전 이후 설립된 독일연방공화국 즉, 서독의 초대총리는 쾰른시장 출신 콘라드 아데나워(Konrad Adenauer)였다. 1949년부터 1963년 까지 총리로 재임하면서 잿더미에 빠진 독일을 재건해 라인강의 기적을 이룩한 인물이다. 그의 재임기간 동안 북대서양조약기구(NATO)에 가입하였고, 프랑스와의 화해 및 협력기반을 구축하여 프랑스의 드골 대통령과 함께 오늘날의 유럽연합(EU)를 만드는 초석을 다졌다는 평가를 받는다. 보수우파인 기독교민주당 당수를 겸하면서 공산세력과의 평화공존을 전혀 믿지 않았으며 소련을 혐오하여 공산당을 비합법화 한 인물이다.

1969년 10월, 전후 20년만에 독일의 정권은 보수우파인 기독교민주당에서 진보좌파인 사회민주당으로 넘어갔고 빌리 브란트 총리가 취임하였다. 브란트 총리는 가까운 장래에 독일의 분단이 해결될 수 없다는 인식을 가지고 긴장을 완화하는 대동구권 관계개선정책을 적극적으로 전개하였는데 1970년 두번에 걸친 동-서독 정상회담을 개최하고 1972년 동서독 기본조약을 체결하는 등 적극적인 동방정책(Ost-Politik)을 추진하였다. 폴란드, 헝가리 등 바르샤바 조약기구 회원국들과 수교하고 1973년 동서독 UN 동시가입을 성사시켰다.

빌리 브란트 총리의 바톤을 이어 받은 사회민주당의 헬무트 슈미트 총리는 1974년부터 1982년 까지 재직하면서 빌리 브란트 전 총리의 동방정책을 계승해 독일통일의 초석을 마련했다는 평가를 받는다.

헬무트 슈미트 총리의 뒤를 이어 다시금 보수우파인 기민당이 정권을 잡았고 독일연방공화국 역사상 최장수 총리를 지낸 헬무트 콜 수상이 역사에 등장하게 된다. 그는 동구권과의 관계정상화를 추진한 빌리 브란트의 동방정책을 계승하고 내외의 반대를 무릅쓰고 꾸준한 유화정책으로 동독과의 우호관계를 유지하였다. 그러면서도 프랑스의 프랑수아 미테랑 대통령과 양국간의 우호협력관계를 구축하였고 러시아와도 긴밀한 협력체계를 구축하여 바햐흐로 동서독 통일에 반대하지 않는 국제적 여건을 마련하였으며 동구 공산권이 몰락할 때 기회를 놓치지 않고 통일을 이룩함으로써 '독일 통일의 아버지'로 불리게 되었다.

〈베를린 장벽을 망치로 부수는 독일군중 들〉

독일 통일의 단계는 경제재건, 프랑스와의 화해, 서유럽과의 연대, 이어서 동구권과의 화해협력정책으로 구분할 수 있으며 전승 4개국이 독일의 통일을 지지하는 상황을 조성한 후, 때마침 동구권이 붕괴되는 국제적 호기를 적극 이용하여 통일을 이룰 수가 있었다.

해방이후 우리나라의 상황과 비교해 보았을 때 경제재건과 민주화에 이은 남북화해협력정책의 추진 등 유사점도 많이 있으나 커다란 차이점이 있다. 독일은 우리의 6.25전쟁과 같은 동족상잔의 비극을 겪지 않았다는 점, 영토와 인구면에서 동서독간에 압도적인 차이가 있었던 점, 그리고 대규모 소련군이 동독에 주둔한 상태에서 동독의 대소련 의존도가 막대하였던 점, 그렇기 때문에 동독이 북한과 같이 핵무기를 개발하는 등 독자적 노선을 취할 수 없었던 점 등이 큰 차이점이라고 할 수 있다.

독일통일 후 군사통합은 정치적 흡수통합의 영향에 맞게 이루어졌으며 동독인민군의 해체, 동독인민군 구성원의 개인자격 서독연방군 편입이라는 원칙에 따라 통합되었다. 동독인민군의 대령 이상 고위장교는 자동 전역조치 되었고 대부분 1~2계급씩 강등되어 편입되었다. 예를 들어 동독인민군의 중령급 장교는 소령 또는 대위로 강등되어 서독연방군에 편입되었으며 그 마저도 3년간의 최초 복무기간을 통해 철저한 평가를 받고 선별되는 과정을 거쳤다.

동서독의 통일에 긍정적으로 작용된 것은 동서독 간에 상당부분 교류가 활성화되고 특히 티비와 라디오 등 전파개방과 65세 이상 상호방문, 일정금액 한도내에서 송금 허용 등으로 인해 동독인민들이 북한인민처럼 정보에 고립되지 않고 바깥 세상의 정세에 어둡지 않았다는 점이다. 당시 동독인민들은 서독에 친지들이 있는 경우 그 친지들이 보내주는 돈으로 생활에 상당한 도움을 받았다.

통일 이후 남북간의 군사통합은 정치적 통합의 성격에 따라 좌우될 수 밖에는 없을 것이다. 그러나 분명한 것은 동서독과는 달리 남북한의 군사력은 대등한 수준이고 각각의 장단점이 있기 때문에 일방적인 흡수통합 보다는 통일한국의 튼튼한 국방력 확보 차원에서 상승효과를 가져야 할 것이다. 그것을 위해서는 남북군사통합기획단을 구성하여 지금부터 철저한 분석과 준비가 필요하며 정치적 통합의 옵션을 예측하고 그에 따르는 다양한 군사통합 방안을 마련해야 한다. 〈끝〉

우주의 수많은 은하 중에 태양계가 속해 있는 우리 은하계(The Galaxy)는 수천억 개의 별들로 이루어진 대집단이다. 그 지름이 10만 광년에 이른다. 1초에 30만 km의 속도로 10만년을 가는 거리다. 우리 은하계에서 가장 가까이 있는 또 다른 은하가 안드로메다 은하인데 우리 은하에서의 거리는 250만 광년 떨어진 곳에 있고 그 지름은 22만 광년에 이른다.

우리 은하계 수천억 개의 별 중에서 가장 깜찍한 별 지구, 그 안에서 80억 인류는 희로애락을 겪으며 애절한 삶을 영위해 나가고 있다. 우리 인류의 기록된 역사는 1만년에 불과한데 그 1만년은 우주의 역사에서 찰나에 지나지 않는다.

지구는 서에서 동으로 시속 1660km로 자전하고 있고 시속 11만 km로 태양을 돌고 있다. 우리의 선조들은 매일 새로운 태양이 동쪽에서 떠오르는 줄 알고 두려움 속에서 하늘을 경배하며 지냈다. 그러나 우주의 비밀을 더 알고 있다고 해서 그 두려움이 없어지는 것은 아니다. 오히려 그 두려움은 더 커진다. 우리 선조들이 가졌던 철학적 의문은 지금 우리에게도 여전히 유효하다. 도대체 인간은 어디서 와서 어디로 가는 건가. (Woher komme ich, Wohin gehe ich?)

이제 살아 온 생애보다 남은 생애가 더 짧은 시점이 되었다. 나는 가끔 이런 상상을 해본 적이 있다. 만약 하나님께서 나에게 "너는 다시 태어나서 지금까지 살아온 생애를 다시한번 살아보겠느냐?"라고 물으신다면 어떻게 답해야 할까.

나의 대답은 주저함 없이 NO였다. 똑 같은 삶을 다시 살 필요는 없다는 생각이다. 이번에는 하나님께서 물으셨다. "다시 태어나서 지금과는 다른 생애를 살아보겠느냐"… 고민 끝에 나의 대답 역시 NO 였다. 인생은 고행 즉, 고난의 행군이다. 인생은 지속적인 고행속에서 간헐적인 행복을 느끼는 여정일 뿐이다. 다시 태어났을 경우, 그 생애가 지금의 생애보다 더 의미 있고 성취적인 삶을 살 수 있다는 보장도 없다. 그래서 나는 하나님께 요청한다.

"하나님, 차라리 지금 이 순간을 50년 연장해 주시옵소서! 그러나 내 뜻대로 마옵시고 하나님 뜻대로 하옵소서!"

박찬주 대장의
선택

초판인쇄 · 2023년 9월 12일
초판발행 · 2023년 9월 15일

저 자 · 박찬주
편 집 · 박경미
펴낸이 · 오인탁
펴낸곳 · 임마누엘인쇄출판사
대전광역시 중구 선화로 106
Tel. 042-253-6167-8 | **Fax.** 042-254-6168

ISBN 978-89-98694-83-8 (03010)

값 30,000원

* 잘못된 책은 바꾸어 드립니다.